拐個彎、繞點路，避開職場麻煩人物

主管・部屬・同事・客戶 完全因應！

築起心理防火牆、巧妙閃避冷處理，
好好守護努力工作的自己！

井上智介——著
楊詠婷——譯

/ 共感推薦 /

- 應對職場複雜的人際關係，總是讓人苦惱。霸凌騷擾、加班應酬、能者過勞、遇缺不補、老鳥欺負菜鳥、中年逼退……這些都是工作修羅場的刀山火海，我們真的需要職業醫學的專業，幫助我們全身而退。想跟讀者一起從這本書中學習，跟同事、主管維持健康的距離！

——臨床心理師 **洪仲清**

- 人際關係的難題，往往源自人性的弱點，找到弱點並加以突破，則是解決的重要心法。你在職場上碰到麻煩人物了？翻開本書，找到對應的情境，短短幾頁，就讓你看到自己和對方的問題所在，以及破解的要訣。書中的條列分類切合實際，說明和處理方法也簡短有力，對職場苦手者將是很棒的秘笈。

——職業醫學科醫師 **許君豪**

- 我們難免都會在職場上遇到不講理、不合拍的主管、部屬、同事或客戶，如何應對這些與自己有相當關連，卻又無法隨意拉開距離的人？作者在書中指導我們——比起急著爭取認同而順從迎合，更優先的是保護自己。這本書具體描述了許多職場的人際困擾，工作者應該都能從中找到對應自己問題的解方。

——諮商心理師、人生設計心理諮商所共同創辦人 **盧美妏**

- 職場如江湖，我們總會遇到各式各樣不同個性、不同思維的他者。有些人帶著善意，有些人則（出於各種原因）來者不善，學會自我保護、遠離江湖紛爭，在現今的職場越來越重要。本書分享的觀念，是你我必備的職場護身符。

——臨床心理師 **蘇益賢**

前言 避開麻煩人物，守護好努力工作的自己！ 014

Chapter 1

八成的工作煩惱，都是來自人際關係

職場的人際關係，為何特別麻煩又難解？ 020
職場有五大麻煩人物——你遇上的是哪一種？ 023
麻煩人物都在想什麼，又會怎麼做？ 028
麻煩人物並非亂槍打鳥，而是會「挑選」攻擊目標 034
人際關係中，「開始」的印象最重要 036
被麻煩人物盯上的目標，都有哪些共通點？ 040
不想淪為箭靶，記得善用溫和「小心機」 044

Chapter 2

應對麻煩「主管」

——比起爭取認同與信賴，更優先的是保護自己

遇到超不對盤的主管時，只需要做一件事 050

自我保護三妙方❶——不輕易給出對方想要的反應 053

自我保護三妙方❷——讓自己「看起來」從容不迫 057

自我保護三妙方❸——絕不做「默默被欺負」的人 062

想閃避過分的要求，就用這句「神奇咒語」！ 064

藉由「拒絕」練習，成為「能夠說不的人」 066

不必努力獲得麻煩主管的信賴 070

不必費心爭取麻煩主管的好感 073

何時才是該換工作的臨界點？ 075

碰上這種主管怎麼辦？——不同情境應對法

- 只想保全自己，遇到麻煩就極力撇清 077
- 失敗就推給部屬，成功則搶占功勞 079
- 受到偏頗的評價和對待 080
- 總是酸言酸語、冷嘲熱諷 082
- 時刻監控遠距工作狀況 084
- 高壓專制，讓人心生恐懼 087

Chapter 3

搞懂麻煩「部屬」——了解需求、明訂規則，鞏固「心理安全感」

跟部屬的關係總是有點卡…… 094

從「人」的角度關心對方，是信賴關係的基礎 096

怎麼問，部屬才會說出真心話？ 102

面對部屬的煩惱，想幫忙也要量力而為 107

改掉這個口頭禪，讓部屬安心聽你的 111

部屬若「逆向」騷擾，主管一樣要積極求助 115

碰上這種部屬怎麼辦？——不同情境應對法

- 最基本的守時規矩都做不到 119
- 不聽人說話，只是一意孤行 120
- 毫無幹勁，說話消極負面 122
- 不聽從指示，還會回嗆質疑 124
- 對「高高在上」很敏感，被勸告或指導就不悅 126
- 每次失敗，只會找藉口搪塞 128
- 讓人擔心遠距上班會摸魚 129

Chapter 4

隔離麻煩「同事」

——保持安全距離，沒有關係就是最好的關係

作用過度的同儕壓力，讓人喘不過氣 134
你被麻煩同事纏上了嗎？注意這個警訊！ 137
職場是工作的地方，不是交朋友的場所 141
不需要對每個人都保持「相同」的距離 143
被麻煩同事討厭，反而是脫身的絕佳機會 146
不想惹惱對方，就用「萬能拒絕法」！ 148
碰上這種同事怎麼辦？——不同情境應對法
- 不聽別人的意見，始終自以為是 152
- 愛說八卦壞話，破壞職場氣氛 153
- 總是自視甚高、很愛自我誇耀 155
- 把自己的過錯轉嫁到別人身上 157
- 有著強烈的認同需求 158
- 只做自己想做的事，單方面把工作推給別人 160

Chapter 5

退治麻煩「客戶」

——堅守底線、巧妙拒絕，為彼此都留點餘地

碰上奧客，絕不能做這件事！ 164
處理客訴，記得掌握兩大要訣 167
會變成奧客，是想滿足「認同需求」 171
試圖安撫怒氣，反而會刺激對方？ 173
「不給人拒絕餘地」的難纏客戶 178
「把球回丟給對方」的交涉技巧 183
這樣拒絕，才能表現誠意、取得信賴 187

碰上這種客戶怎麼辦？——不同情境應對法

- 暴怒蠻橫，根本無法溝通 190
- 擺出輕蔑、挑剔的傲慢姿態 192
- 説話反覆無常、一變再變 193
- 提出許多與工作無關的批評 195
- 總是糾結於無關緊要的小事 197

Chapter 6

做好自我照護，不讓壓力過度累積

降低為自己設定的門檻，達到六十分就合格！ 202
從「小問題」開始，練習發出求救訊號 205
每天簡單做兩件事，隨時自我修復 208
小小的成功體驗，更容易累積自我肯定感 211
失敗時，容許自己「擁有沮喪的時間」 214
運用「後設認知」，翻轉慣性思維 216
你想得出一百個「消除壓力的方法」嗎？ 219

結語 做出一點小改變，內心就會更有餘裕 224

前言

避開麻煩人物，守護好努力工作的自己！

井上智介

此刻，你是否正在為職場上的人際關係而煩惱呢？對方可能是主管或同事等身邊的人，也可能是客戶，總而言之，他們對你來說全都是「麻煩人物」。

身為人類的我們，一遇到自己無法掌控的狀況就會感受到壓力，而最具代表性的例子，就是「他人」的存在。

你與「他人」之間的關係，不見得總是處在舒適的狀態，為了盡可能讓自己輕鬆一點，你或許也有過「想讓對方改變」的念頭吧！

只不過，改變他人是非常困難的事，很多時候，逃離一段過於痛苦的關係，對自己才更為有益。話雖如此，一旦涉及到職場，就不是那麼容易保持距離，也不是想逃開就能逃開的關係。

如果不採取任何行動，只是一直默默忍受，就會變成沉重的負擔，遲早把你壓垮，至今我已經診療過太多這樣的案例了。

不好意思，還沒跟大家自我介紹，我是精神科兼職業醫學科醫師井上智介。平時，我做為精神科醫師為病人看診，同時會以職醫的身分，每個月定期訪視三十家以上的公司。

我傾聽過許多人的煩惱，而其中壓倒性居多的就是人際關係的問題。為職場人際關係所苦的例子絕非罕見，所以請大家不要因此陷入沮喪，覺得自己是「無法適應社會的人」。

但是，基於麻煩人物本身的性格特質，與他們正面對峙，只會讓人內心更加受挫，因而害怕上班，或者不斷看對方臉色，每天壓力爆棚。

而本書便是要告訴大家，如何在守護好自己內心的前提下，應對身邊的麻煩人物。

這些都是我平常看診時會教給患者的方法，效果早已得到驗證。或許有人會擔心：「該不是什麼特殊方法吧？」但實際接觸後，就會發現全都是簡單、易行的技巧。

只要了解麻煩人物的心理機制與行為模式，再試著調整一下自己的想法及言行，身在職場時就會覺得自在、輕鬆許多。

人際關係有著很大的個別差異，一旦對象不同，互動的態度和距離感也會因此改變。所以，**本書會將各式各樣的麻煩人物分門別類，提供最有效的應對之道**。

不只是想到要上班就壓力山大，甚至連放假時，你的腦中是否都會閃過麻煩人物的臉孔，而覺得苦惱、煩悶呢？

「我想處理這個麻煩人物的問題，卻不知道該怎麼辦……」

讓我們一起來解決這個煩惱吧！

只要稍微改變看待人際關係的方式，就能靠自己的力量守護自己。所以放心吧，從今而後，你不會再受傷了！

Chapter 1

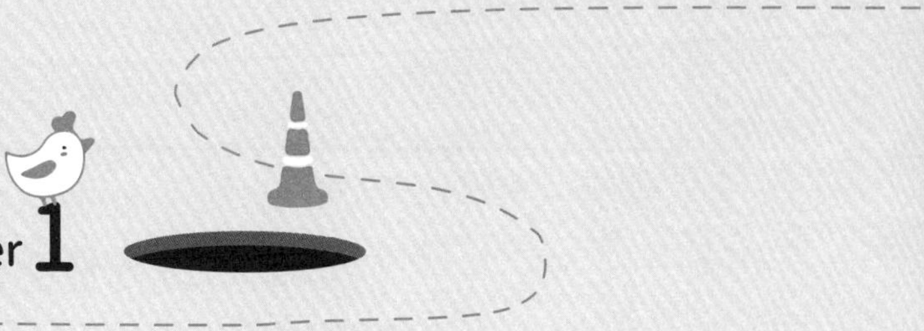

八成的工作煩惱，都是來自人際關係

一見事態不妙就閃掉的主管；總是狀況外、找藉口的部屬；
到處發牢騷說八卦的同事；無理要求、硬拗的奧客或客戶……

職場上的麻煩人物，擅長製造紛亂又讓人壓力爆棚，
更要提防的是，他們並非亂槍打鳥，而是會「挑選」攻擊目標。
有效辨識出這些麻煩人物，理解他們的思考和行為模式，
巧妙地繞道而行、守住底線或拉開距離，
才能避免落入對方的砲火射程內而不得安寧。

職場上的優先要務，是好好完成工作、鞏固內心的平和，
只要能做到這一點，就無需努力討好或委屈求全，
勉強自己維持不合拍的人際關係。

職場的人際關係，為何特別麻煩又難解？

一見事態不利於己就閃掉的主管，總是為失敗找藉口的部屬，愛在背後講八卦、說壞話的同事，無理要求、硬坳的奧客或客戶……

拿起這本書的你，身邊是不是存在著這些職場上的「麻煩人物」呢？

根據日本厚生勞動省（編註：相當於台灣衛福部、勞動部的綜合體）發布的「平成三十年度（西元二〇一八年）勞動安全衛生調查（實態調查）」，職場壓力可以分為三類——「工作量」、「工作品質」和「人際關係」。

做為職醫，我診療過一萬名以上的患者，但只有極少數的人為了工作量和工作品質的問題來找我諮商。這是因為大部分與這兩者相關的狀況都無需仰賴職醫幫忙，只要與周遭的人們商談、協調，就很容易處理。而絕大多數無從解決，又讓人長期受苦的問題，就只剩下人際關係了。

我們常聽人說：「八成的工作煩惱，都是來自人際關係。」為何會有這麼多人對職場的人際關係感到困擾呢？

主要的理由有兩個——

- **與另一個人相關，所以無法輕易地改變。**
- **人際關係是固定化的。**

人際關係不像工作量及工作品質那樣具體可見，就算跟主管反應，也幾乎會被視為個人的問題。為此，有些人可能會產生「要努力改變對方」的念頭，但這就跟立志減肥一樣，往往會很快失去決心與動力，更何況，人是不會輕易改變的。

即使想尋求外力協助，但公司做為一個組織，為了正常運作，也不可能聽從每個人的期望，最後只會得到「無法針對個人做出特殊處置」的回應，直接遭到無視。

而讓解決過程更為雪上加霜的，則是人際關係的固定化。

姑且不論員工在十人以下的小公司，即使是規模較大的企業，人際關係也會被侷限在所屬部門內，無論如何都避不開不合拍的人，這就是現實。

有些企業會給員工一次轉調部門的機會，但這當中依舊存在著自己能否適應新職務，或是能否和新部門成員順利相處的風險。

基於這些理由，很多人一直深受職場的人際關係所困擾。

職場有五大麻煩人物
——你遇上的是哪一種？

職場的各種人際關係問題原本就已經夠棘手了，其中偏偏還存在著讓人「必須格外提防」的麻煩人物。

大家可以先確認一下，看看自己的職場裡有沒有以下這五種類型的麻煩人物吧！

1 愛說壞話八卦的人

如果只是發洩對某人的不滿，偶爾批評個幾句，還算人之常情，但這裡指的是「經常」說別人壞話或亂傳八卦的人。

即便對方不是在說自己，每天碰頭時都聽到這些負面的話語，不僅讓人疲憊，弄不好還會被當成是一丘之貉，絕對要多加留意。

2 喜歡自我標榜的人

每天不是炫耀自己，就是反過來自我貶抑；再不然就是打斷你的話，只忙著說：「你那樣還算好的了，哪像我……」開始顧影自憐。

想到每天都得和這種習慣自我標榜的人打照面，真的會壓力飆升。

3 施加各種騷擾的人

雖然近來一般人對職權騷擾、職場霸凌的意識普遍提高了，還是有不少人會白目地說出冒犯他人的話；更糟糕的是，就算對方因此受傷或不悅，他們也毫無所覺。

而在所有麻煩人物中，他們也堪稱是最讓旁人覺得痛苦、難熬的類型。

4 經常強人所難的人

這種類型的人往往不會被當成什麼重大麻煩，但我卻認為「強人所難」

已經幾近於職權騷擾了。這是因為絕大多數的案例，都是在利用主管・部屬的權力平衡狀態，趁機提出不合理的要求。

從這個視角來看，這種人在我們身邊恐怕是所在多有。

5 習慣推卸責任的人

這種麻煩人物也是常見的基本類型，他們會趁勢利用上下關係，即便面對的是同事，也會為了保護自己，把責任推到乖巧、懂事的人身上。

遺憾的是，這種人還真不少，為了不被當成逆來順受的代罪羔羊，一定要學會自保才行。

怎麼樣？一旦職場上有這些人存在，不只會讓周遭的人們覺得不舒服，還會對團隊的氣氛造成負面影響。

其實，要對付這些麻煩人物，有一個最簡單、也最有效的方法。

那就是——**「保持距離」**。

有道是「君子不立危牆之下」，**與麻煩人物之間最好的關係，就是沒有關係。這也可以說是與麻煩人物相處的黃金定律**。

只不過，在職場上，有時候不是想保持距離就能保持距離的，那又該怎麼辦呢？

知己知彼，才能用對策略因應

我們往往會希望，這些麻煩人物能夠自行「做出改變」或是「矯正壞毛病」。然而，這種人之所以麻煩，就是即便當面跟對方說：「這樣才是正確的，希望你可以改變。」對方也不可能接受。

這樣不僅浪費時間和心力，最糟糕的狀況還會使彼此的關係更緊張，讓自己受到更大的傷害。

那麼，到底該怎麼做呢？

既然對方不可能改變，只有自己改變了……你是這麼想嗎？改變自己確實很重要，但在此之前更重要的是——了解對方到底是什麼樣的人。

人對於未知的事物都會心生恐懼，麻煩人物本來就是「必須格外提防」的人，若對其毫無所悉，要是發生什麼狀況，就會因為恐懼、慌亂而腦袋一片空白，無法做出適切的應對。

每個人都具備某種程度的適應能力，如果以往曾和相同類型的麻煩人物打過交道，精神上便會產生「又遇到這一款」的餘裕，所謂知己知彼，應對時也會更有信心。

因此，**一旦碰上「難搞又避不開」的人，保護自己的第一步就是——理解對方的思考和行為模式**。

接著，我們就來詳細分析一下這五種類型的麻煩人物吧！

麻煩人物都在想什麼，又會怎麼做？

1 愛說壞話八卦——帶著扭曲的正義感

這種人的特徵，就是「比一般人更在意所謂的平等」。

從工作能力、業績，甚至是容貌，他們絕不允許有人特別出眾、優秀，同時會極端地蔑視那些被認為「不如」他們的人。

他們無法容忍有人擾亂整體的步伐，理所當然地認定所有人都應該和自己一樣。

「怎麼可以只有他受到讚賞。」

「既然我過得那麼糟，大家也別想好過。」

他們抱著這種心態，只要看誰不順眼，就會造謠對方「背地裡一定幹了見不得人的事」，破壞他人的聲譽。

要注意的是，他們不會擺明了要說人壞話，而是會用像在「分享貴重情報」的方式對他人議論、造謠。

如果你身邊有這種人，絕對不要輕信對方的話。**他們不僅想把所有人都拉到跟自己相同的層次，更帶著扭曲的正義感，藉此滿足自己被他人關注、認同的需求。**

2 喜歡自我標榜──用過度自信包裝不安與自卑

這種類型的人無法壓抑自己的表現欲，一心想對周遭展現自己有「多特別」、「多了不起」。

例如，公司裡有個早稻田大學畢業的同事，而最近正好來了一個東大畢業的新人。他被這個學歷比自己高的新人刺激了自卑感，又擔心被比下去，為了表現自己的地位優於對方，便刻意用傲慢、瞧不起的態度對待新人……這就是他們會採取的典型作為。

他們為什麼會這麼做呢？根本原因就在於他們自戀的性格。**他們對自己的評價過高，對本身的能力又過度自信。反過來說，他們也同時有著不受到他人讚賞，就找不出自我價值的特徵。**

因為強烈的不安與自卑，讓他們打從心底害怕受傷，才會過度需要旁人對自己能力的認同。

3 施加各種騷擾——對他人的感受缺乏同理心

所謂的「騷擾」，簡單來說就是「做出讓對方厭惡的行為」。這種類型的人，與喜歡自我標榜的人有著近似的特質。

如今存在著各種名目的騷擾，但並不代表過去就沒有。現在只是因為網路和社群媒體發達，被害者的聲音更容易被大眾聽見，事實上這些騷擾在以往就十分猖獗。

也因此，年紀越長的人越容易覺得：「明明我以前都是這麼做的，為什麼現在才說有問題？」即便引發了嚴重事態，還是有很多人認為「自己沒這個意思」。

近來已經很少出現加諸於身體的暴力行為，但依然有不少人會隨意說出這種不合宜的發言：

「這麼簡單的事都不會？」

「最近的年輕人真是……」

「女生不可愛的話會嫁不出去喔。」

比起這些沒有自覺的人，更麻煩的是為了傷害別人，刻意做出「讓對方厭惡的行為」。

做為職醫，我曾經不只一次與這種惡質的騷擾者談話，但他們往往不是公然說謊，就是顧左右而言他。**這些人不只有著強烈的表現欲和自戀性格，對他人的感受也毫無同理心和想像力**。

4 經常強人所難——為了自身便利而犧牲他人

這種類型的人缺乏同理心和想像力，無法了解對方討厭什麼、有何種需求。此外，他們也很自我中心，為了自身的便利，就算犧牲周遭的人也在所不惜。

基本上，這種狀況和騷擾可說是相差無幾，但他們和騷擾加害者還是有所不同，至少不會居高臨下，讓人心生畏懼。只不過，「不接受拒絕」則是完全一樣。

5 習慣推卸責任——只想自保，或堅信自己是對的

這是職場中常見的類型，大致可以分為兩種——

一是**害怕被責怪、極力避免自己受傷**。為了保護自己，他們會下意識地撒謊，或是推卸責任。

如果你的主管是這種類型，他很可能本身就缺乏自信，只是靠著年資晉

升，所以非常害怕被更高層的上司責罵，而把過錯全都推到部屬身上。如果你質問對方這件事，也有人會直接向你賠罪，辯解說：「我完全沒有那個意思，真是抱歉。」

另一種類型則是自尊心極高，又因為過去曾經做出一點成績，堅信自己「絕對不會錯」。這種人的思考模式，就是「我不可能會錯，所以錯的一定是別人」；他們始終認為，「成功是自己的功勞，失敗都是別人的錯」，所以會把責任都歸咎於周遭的其他人。

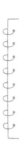

麻煩人物並非亂槍打鳥，而是會「挑選」攻擊目標

說到這裡，相信大家應該已經明白，職場上的這些麻煩人物，都是以自我為中心，十分本位主義的人。不管有意無意，他們根本不在乎別人是否會因為自己的言行受傷或成為犧牲品，遺憾的是，這種特質也不會因為外力的介入或影響而有所改變。

與這些人往來，最需留意的一點是——**調整自己的言行，以避免成為他們的「箭靶」，也就是攻擊目標**。

或許你很難相信，其實他們不是隨意在眼前挑個人當成攻擊目標，而是會選擇**對自己來說易於控制，不會受到一點欺負就到處聲張或製造問題的人**，做為鎖定的對象。

此刻拿起這本書的你，在周遭人們的眼中，是不是所謂的「好好先生」或「好好小姐」呢？

事實上，像你這樣的「好人」，對這些麻煩人物來說，就是絕佳的攻擊目標或代罪羔羊。

為了不成為麻煩人物的箭靶，本書將針對主管、部屬等關係模式，以及各種相處情境，詳細分析並提供有效的因應對策。

不想成為「天選之羊」嗎？那麼，請一定要好好實踐。

人際關係中，「開始」的印象最重要

好好仰賴「自己的直覺」

想要避免被麻煩人物盯上，最需留意的是一開始，也就是初次見面的印象。一旦被他們認定「把這個人當成目標應該沒問題」，進而讓這種關係固定化，之後想再改變他們的印象，就必須耗費極大的時間與心力。要從零開始重新建立關係，真的非常困難。

重點就在於，要盡早辨識出對方是哪一種麻煩人物。不習慣的人，可能會覺得有點困難，這時就要格外仰賴「自己的直覺」。

拿起這本書的你，應該是對他人的言行或情緒特別敏感的人，只要你的危機感知器出現了一點反應，就要好好重視這樣的直覺。

即便看不出對方是五種類型中的哪一種，只要覺得「他怎麼有點咄咄逼人啊……」，就得特別留意。這種才剛認識，就侵門踏戶踩進你個人領域的人，往後一定會變本加厲。

所以，**如果感覺不太對勁，一開始就不要和對方太過親近。**

不必主動靠近、自我揭露

一聽我這麼說，或許有人會覺得，先入為主地去評判別人似乎不太好，但我並不是要你「冷冰冰」地對待對方。

該有的尊重和禮貌還是要維持，但無需一開始就百分之百相信對方，連不必要的部分都自己坦露出來。

比方說，當你剛遇到或認識對方沒多久時，是不是會為了緩和氣氛，即使對方沒問，也把自己的糗態或私事拿出來講？

這樣的「自我揭露」看似貼心，卻等於在麻煩人物面前暴露了自己的弱點，讓他們有機可乘。

麻煩人物最擅長刺激對方心中的恐懼感、責任感和罪惡感，下意識地利用他人達成自己的要求或目的，堪稱是危險人物。

所以，沒必要主動靠近對方，等到確定對方真的值得信任，再來自我揭露才不會有問題。

此外，只因對方是主管或客戶，就過度貶低自己，也不是明智的作法。害怕被討厭，或擔心商談破局，就吞下對方無理的要求，不但不會被認為是「有能力的人」，還會漸漸淪為遭利用的工具。

對待部屬也一樣，想被認為是好主管，就對該做的指導睜一隻眼、閉一隻眼，輕輕放過，只會被部屬輕視。

當然，基本的禮節務必要遵守，相互尊重是職場上來往的基礎。但如果對方是個一找到機會就想利用他人的人，自然沒有討好他的必要。

「品格」是無聲的判別信號

如果你很難相信自己的直覺，這裡要提供一個無需言語就可以判別麻煩人物的信號──「品格」。

這裡所說的「有品格」並不是指有氣質、有格調。**「有品格的人」會設想自己的言行對別人造成的影響或感受，在顧慮到對方的狀況下採取行動。**

乍看之下，這和麻煩人物好像毫無關係，但品格就等同於道德心。比方說，一個會粗暴對待物品，或不經同意就擅用他人東西的人，基本上就是蔑視規則或常識，對周遭的人也欠缺體貼的心意。唯獨「有品格的人」，才會思考「雖然自己無所謂，但對方說不定會不舒服」。

當然，人都會有思慮不周的時候，但動機是否出於自私，還是感覺得出來。因此，不妨試著以「品格」這項標準來評判對方吧。

被麻煩人物盯上的目標，都有哪些共通點？

❶ 寧可犧牲自己，也不願引發風波

前面已經提過，麻煩人物會挑選特定的攻擊目標，而容易被盯上的人，通常都有著這樣的共通點——寧可犧牲自己，也要維持與對方關係的平和，不想引發任何風波。

一般來說，會為人際關係煩惱的人，大多生性善良、內心也很溫柔，經常覺得「自己受一點傷沒關係」，但要是遇上了麻煩人物，就會被折騰得遍體鱗傷。

因此，最應該重視的不是他人的感受，而是自己內心的平和。**職場上的優先要務，是好好地完成工作，只要能做到這一點，就無需勉強自己與對方積極相處，或是努力討好迎合。**

只不過，相較於自己的心情，還是有人更重視與對方的關係。而我想對這樣的朋友說：**「我們不可能讓所有人都喜歡自己。」**

例如，現在有一百個人，想被所有人討厭，是很困難的事吧？就算被這一百人中的一個人討厭，剩下的九十九個人也不見得會討厭你。

反過來也是一樣，即便被當中的一個人喜歡，也無法保證其餘的九十九個人都會喜歡你。首先就把這項認知放進腦中的某個角落，再重新審視自己與他人的相處方式吧！

❷ 凡事都會先想著「是不是自己的錯？」

容易變成犧牲品的人還有另一個共通點，就是常會把事情攬在身上，覺得都是自己的錯。

人有種不可思議的特質，亦即明明是對方的問題，但只要對方用強硬的姿態把過錯推到我們身上，我們就會開始煩惱「自己是不是也有錯」、「如果是別人，會不會處理得更好」。

於是，當我們找同事等其他人商量，雖然有人可能會安慰我們：「那個人就是這樣，不用在意。」但要是也有人反過來幫對方說話：「那個人雖然有點怪，倒也沒那麼討人厭。」我們就會質疑起自己的判斷。

然而，這時最重要的並不是周遭的人們怎麼說。

我要再強調一次，麻煩人物會挑選攻擊目標。**對方就是知道對你過分一點也無妨，才會找上你**。所以，不需要煩惱「為什麼他不找別人，卻只盯上我，一定是我自己也有不對的地方」。

例如，主管突然說你「對工作欠缺熱忱和努力」，起初你可能還會反駁「沒這回事」，但要是一直被這麼反覆指責，你很可能就會漸漸懷疑「自己也有問題」——

「我先前的確想過要利用週日學習跟工作相關的知識，最後卻沒做。」

「昨天好像休息得有點久。」

大家是否有過這樣的經驗呢？

只要冷靜想想，就會發現這種狀況再平常不過，自己要怎麼度過假日或休息時間，本來就與工作的評價毫無關連。然而，**一旦被麻煩人物盯上，就很容易受到他們的有心操控，逐漸陷入自我否定**。

比起怪罪他人，有更多人會傾向於自我責備，覺得凡事都是自己的錯，這也是麻煩衍生的根源。所以，有時候可以大膽地告訴自己：「這不關我的事！」「我沒有錯！」

不想淪為箭靶，記得善用溫和「小心機」

至此已經大致介紹了如何不被麻煩人物盯上的基本策略，但光是這樣還不夠，為了不讓自己淪為箭靶，記得要善用一點「小心機」。

會為人際關係煩惱的人，基本上都是和善的好人，可能會抗拒變成「有心機的人」。不過，**這裡所說的「心機」，是指要成為一個讓麻煩人物覺得「不知道你在想什麼」的人。**

想成為這種人，有三個必行的要點——

1 不要百分之百相信別人說的話

不必因為主管說了什麼，就覺得「必須這麼做」，或者「不能這麼做」。一旦你被認定成只會逆來順受，就會引來一堆想要利用你的人。

2 就算對方的社會地位較高，在心裡也要對等看待

或許有人會覺得驚訝：「可以這麼做嗎？」但這「只是在心裡想著」而已。既然是自己的內心，自然可以坦率地表達真實的感受。

例如，主管把失誤推到你身上時，你就有充分的自由，可以覺得「這個人真是標準的『麻煩人物』」。

沒有人看得到你的心，你無需在自己心裡都要當個好人。

前面提過，與麻煩人物保持距離是最有效的方法；除此之外，用客觀的角度看待對方，保持精神上的適切距離，也是非常重要的事。

3 不要對對方的言行過度反應

要做到這一點的難度或許比較高，首先可以試著在對方強人所難、或是推卸責任時，盡可能不動聲色、保持鎮定。

一旦被麻煩人物察覺你內心的動搖，就會正中他們下懷。你越是辯解，

越會被抓到把柄，讓麻煩人物有機可乘，把狀況轉變成對他們有利。

此外，平時不要笑得過於親切，也很有效果。

你身邊有沒有那種「臉上帶著笑容，眼睛卻沒在笑」的人呢？與麻煩人物交談時，最好能營造出這樣的印象。說話時笑容滿面、親切可人，往往會讓他們產生「這個人應該可以利用」的念頭。

以上就是成為「有心機的人」所應具備的三項要點，但在實踐時還有一點要留意——**「不是每個人都需要這麼應對」**。

或許有人會為了自己「因人而異改變態度」而產生罪惡感，但麻煩人物可是理所當然地一直都這麼做。

前面已經再三提醒，最重要的是「保護自己不要受傷」。就讓我們一起循序漸進地練習，好好守護努力工作的自己吧！

Chapter 2

應對麻煩「主管」

──比起爭取認同與信賴，更優先的是保護自己

面對無法隨意拉開距離的對象，
只有一個方法可以讓關係變得疏遠，
那就是──讓對方覺得你是個「難以掌握、不好親近」的人。

迎合順從、努力爭取麻煩主管的信賴與好感，
雖然可以暫時應付眼前的場面，但這樣的狀況若反覆發生，
對方就會利用你的體貼與善意，變本加厲做出更過分的要求。

維持工作上必要的交流與對話，給出最低限度的反應就好。
保持「看起來有些冷淡，但做事認真盡責、有禮貌」的印象，
同時提高周遭人們對你的評價，
就算是麻煩主管，也沒辦法隨便刁難你。

遇上超不對盤的主管時，只需要做一件事

職場不同於個人生活，許多時候很難按照自己的意願避開不合拍的人。如果對方還是主管，就只能抱著鬱悶、懊惱或厭惡的心情去應付，努力和對方相處。

第1章曾提過，與麻煩人物保持物理上的距離是最重要的。只不過，有人會擔心因此影響到自己的評價，所以想盡量低調行事、避免引發風波，這種心情也是可以想見。

然而，若考慮到身心健康，這並不是最好的方法。

勉強自己維持人際關係，不但會累積壓力，還可能引發適應障礙或憂鬱症。若是因此生病，也得花費相當的時間才能康復。

要避免這種狀況，你該做的只有一件事——**找人商量、向外求助**。

雖然聽起來是廢話，但在這裡要提醒大家，**此時最重要的是找到合適的商量對象**。

首先，可以找這位麻煩主管的上級商量，或是向總務人事部表明自己的困擾。對個性善良的你來說，向這些對象反應像是要把事情鬧大，也許你會裹足不前；然而，光是在同事之間抱怨，除了暫時緩解情緒，無從解決根本上的問題。

更何況對企業組織來說，員工若因此長期缺勤，也是巨大的損失，為了規避這種風險，很多時候公司會介入處理，讓員工轉調部門，或是安排第三方加入來改變領導體系。比起獨自忍受，這樣更容易得到具體因應。

此外，如果你的公司有職醫，向其尋求協助也是不錯的手段。這聽起來門檻似乎有點高，但職醫除了能從第三者的角度，向公司傳達你的處境與煩惱，公司會更容易接受他們的意見，這也是一項優勢。

還有，每家公司原則上只允許員工轉調一次部門，如果是出自職醫的評估建議，也有可能提高再次轉調部門的機率。

只是悶不吭聲，不會有人察覺你的困境。在事態越趨嚴重之前，努力發出求救訊號，找到適合的對象幫助自己吧！

雖然找人商量很重要，但即使求助了，也有些狀況需要花點時間才能解決，或是不太容易取得協助。接下來就要介紹三個妙方，教大家如何在這種情境下，先有效地保護自己。

自我保護三妙方❶
——不輕易給出對方想要的反應

首先，與對方談話、交流的時候，盡可能不要做出反應。

有人或許會想，跟主管說話怎麼可能不做反應？但這裡所說的**「不做反應」，不是要大家不回答或說話時面無表情，而是——不輕易給出對方想要的反應**。

比方說，很多人在感覺到主管希望自己「附和」或「贊同」的時候，都會敷衍地答腔一下。確實，假裝迎合對方可以暫時應付眼前的場面，但這樣的狀況若反覆發生，對方就會利用你的體貼與善意，變本加厲做出更過分的要求。

一般狀況下，我們都會更重視順暢的人際溝通，但刻意去討好麻煩人物，或者反過來帶著情緒去應對，都稱不上是好的方法。

所以，**維持工作上必要的交流與對話，給出最低限度的反應就好**。一旦對方認為你「凡事必有回應」或「不擅長控制情緒」，這就會成為他們利用你的弱點。

話雖如此，但平時的態度也不可能在一兩天內就一百八十度轉變。總是親切待人的你，突然變得沉默或冷淡回應，不但會讓周遭的人們擔心你「是不是身體不舒服？」，最糟糕的狀況還可能影響自身的評價。

為了避免這種結果，最好還是依照自己的步調，漸漸改變應對方式。**不要突然態度不變，而是透過每天達成一個小目標，慢慢修正自己的反應**。

例如剛開始，可以這樣告訴自己：「今天主管希望有人附和時，就漏掉一次假裝沒看到」。由此每天一點點累積，最後只要讓對方覺得：「那個人好像變了，不只反應冷淡，還不知道在想什麼。」就算達成目標了。

如果你之前一直對人溫柔親切，這麼做或許需要勇氣，所以先從小事開始嘗試，只要做到了，就好好稱讚自己吧！

明明對人態度冷淡，卻還要稱讚自己，你的內心可能會感到抗拒，但只要想著「這是愛自己的表現」，心情應該就會輕鬆許多。

此外，最近在線上召開會議的狀況增加了，這個方式也比面對面更容易掌握與他人的距離。特別是多人參加的視訊會議，你的反應不會特別受到關注，更是適合挑戰、練習的良機。

只不過，即便你已經把自己的回應減到最低，主管還是有可能非要把話題拋到你身上，或者尋求你的認同。這時，當然還是不要有反應最好，就算真的有困難，也要盡量避免全盤接受對方的要求。

總之，先從推卻一次開始，再逐漸減少接受請求的次數吧。

有人擔心這樣下去，到最後可能對主管的每句話都無動於衷。化解的方法很簡單，**只要在對方尋求認同的過程中，挑最後一次附和回應，這樣也能避免留下負面的印象**。

要注意的是，這種應對方式只要用在麻煩主管身上就好。如果對每個人都不做回應，那就只是單純的不友善，會有損你的評價。

最理想的狀態是，當主管對你的同事抱怨：「每次跟那個傢伙說話，都不知道他到底聽懂沒有，這樣很難安排工作耶！」

而你的同事則回答：「真的嗎？可是我沒有這種感覺耶……」

自我保護三妙方❷
——讓自己「看起來」從容不迫

面對麻煩人物時，如果用以下的方式應對，就會顯得缺乏自信，而成為被盯上的目標。來確認一下自己有沒有符合的地方吧！

- 總是戰戰兢兢
- 顯得畏縮害怕
- 表現出刻意討好的模樣
- 經常一言不發
- 態度過分謙虛

人在逼自己和不合拍的人融洽相處時，會不由自主地出現這些反應，這樣只會助長對方的攻擊。這種狀況很難立刻改善，但你還是要停止迎合對方，努力讓自己在精神上看起來從容不迫、遊刃有餘。

突然聽我這麼說，可能有人會感到困惑，但**這裡的重點是「看起來」，你不必連性格都跟著改變**。

試著實踐以下四個方法，來改變自己給對方的印象吧！

❶ 善用低沉、緩慢的聲調

有一本書叫做《你的成敗，90%由外表決定》（竹內一郎著），但大家知道聲音也包含在外表之內嗎？

據說，一個人所形成的外在印象有四成是由聲音決定，等於有著舉足輕重的影響。

比方說，聲調高的人會給人活潑、年輕的印象，但很難讓人感到可靠及強大；說話的語速快，也會讓人覺得不夠鎮定、沉不住氣。

相反地，**說話的聲調低沉、緩慢，不只會給人穩練、冷靜的印象，稍微花點工夫，還能營造出讓人敬而遠之的威嚴感**。

性格無法馬上改變，但如果只是改變聲調和說話速度，今天就能開始。在四個方法中，這一招最容易實踐，能讓麻煩人物對你產生「不好親近」、「意志堅定」的印象。

2 打亂說話的節奏

一般和人交流時，在對方發言後，我們都會立刻給出回應；但面對的如果是麻煩人物，打亂說話節奏才是最好的方法。

可以試著在對方說完話之後，隔個兩秒再給出自己的回應。

怎麼樣，是不是有種「嗯？不是很舒服耶……」的感覺？

沒錯，我們要營造的就是這種讓對方不太舒服的感覺。

如果對方不是自己可以隨意保持距離的對象，只有一個方法可以讓彼此的關係變得疏遠，那就是——

讓對方覺得你是個「很難相處、不好親近」的人。

剛開始或許會有點尷尬，但隨著彼此的交流越來越少，罪惡感和壓力也會逐漸減輕。

3 保持良好的姿勢

辦公室工作做久了，難免彎腰駝背，這種姿勢會讓人看起來格外缺乏自信。所以，把背脊伸直、打開肩膀，試著抬頭挺胸吧！光是這樣，就能顯得自信、有精神許多。

此外，據說**保持良好的姿勢**，**也能讓人思考更加積極**、**進而提升自信**。只是調整一下姿勢、儀態，不但會改變給人的印象，對自己更有正面影響。

4 看著對方的眼睛說話

看著麻煩人物的眼睛說話或許很痛苦，但如果避開和對方眼神接觸，他就有藉口指責你「到底有沒有在聽」，還會顯得畏縮、沒自信。

不過一直盯著對方，又會被認為是在瞪他，因此可以每十秒移開一次視線；要是怎麼樣都不敢看對方的眼睛，也可以把視線放在兩道眉毛之間。

起初可能會覺得這些方法很難，但還是要試著去做，一步步改變自己在麻煩人物面前展現的外在印象吧！

自我保護三妙方❸
——絕不做「默默被欺負」的人

你的周遭是否有那種「不管受到什麼對待，都只會默默忍受，不想把事情鬧大」的人？

麻煩人物最喜歡把這種人當作攻擊目標。

所以，首先要採取的行動就是——

至少一次也好，盡可能在會議等各種場合中發言、或是主動提問。

如果不敢在會議中發言，可以在快結束時試著做總結，像是：「最後想確認一下，今天決定的○○是相關部門都共通的，對嗎？」

或者，也可以在散會後，獨自主動地去詢問一些問題。

要是有點抗拒在眾人面前發言，或是所屬的組織不喜歡有人在會議中發表意見或提問，可以選擇一對一的場合來實踐。若一時還不敢面對讓自己失去自信的人，也可以先找容易親近的同事練習。

只需要這麼做，就能改變別人對你的印象。

或許有人會疑惑，日常生活中的公開發言，與碰到刁難時絕不忍氣吞聲有什麼關係？

重點就在於，**不要讓人覺得你是「受到什麼對待都會默默忍受」的人**。

如果同時搭配上一節建議的說話方式來表現，產生的效果會更好。

想閃避過分的要求，就用這句「神奇咒語」！

至今為止，已經說明了許多退治麻煩人物的方法，但若想讓自己的處境更安全無虞，就有必要讓麻煩人物知道——你是「敢於說不的人」。

只要確切地實踐前面所說的三種妙方，便能逐漸建立起這樣的形象。然而，對方也可能強迫你遵從他的意見，只要彼此仍是主管·部屬的關係，有時很難堅定地拒絕。

這種時候，可以試著使用這句台詞——

「**這可能有點……**」

這是做為職醫的我，與許多陷入苦惱的工作者在反覆試驗中所發現，拒絕他人時最不會引發衝突的神奇咒語。

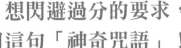

舉例來說，麻煩主管若想在非工作時間硬塞業務給你，這時可以欲言又止地說：「這可能有點……」就這樣含糊其辭，不正面加以回答。

如此一來，對方便會揣測你的想法，接著往下問：

「太急了嗎？」

「有困難嗎？」

然後，你只要順著對方的話回答：「對，是有點困難。」

因為是自己說出來的話，對方多半都會接受這個理由，不再逼迫。

要是對方繼續質問：「有點……什麼？」則可以回答——

「雖然我很想接下來，但我手上已經排滿其他工作了，可能要到下週一才能完成。」

表達出自己雖然有意願，但無法在對方希望的期限內完成。不是單方面拒絕，而是交給對方判斷。這樣既不會破壞自己在對方心中的印象，也可以有效保護自己。只要花一點工夫，就能輕鬆閃避來自麻煩主管的攻擊。

藉由「拒絕」練習，成為「能夠說不的人」

用「待辦清單」讓對方知難而退

要應付不講道理、硬塞工作的主管，還有一個很有效的方法，那就是善用「待辦事項清單」（to-do list）。

現在大多數的人都是使用電腦或日誌記錄待辦事項，但若想對付麻煩人物，建議可以將這些事項寫在Ａ４紙上。

除了**在紙上詳列每一項工作的內容，旁邊還要用大大的文字註記優先順序、委託人及交件期限，放在桌上讓大家都能看見**。

將手邊的工作可視化，不但無需再解釋自己難以接下新任務的原因，上頭註記的委託人職位若高於麻煩主管，還能巧妙地暗中給對方施壓。

即便是再難搞的主管，也不敢無視自己上司的委託，要你優先處理他的工作。相反地，這種人最擅於見風使舵，一旦發現形勢對自己不利，就會立刻放棄。

先從網路上的「封鎖」做起

不過，還有一種狀況是，無論對方是不是麻煩人物，本身就無法拒絕別人。如果你也是如此，這裡要推薦一種特別的「拒絕」練習，就是**「在社群媒體上封鎖不喜歡的帳號」**。

如今社群媒體用戶大幅增加，與陌生人產生交集已成常態，在社群媒體上斷絕關係，也有不少人會感到困擾和恐懼。

就算是從未謀面、實際上根本沒接觸過的人，準備與對方切斷關係時，還是會跟線下的人際關係一樣，讓人有所顧慮而猶豫。

有人曾經為了社群媒體上的糾紛來找我諮商，我詢問：「為什麼不直接封鎖呢？」對方卻表現出抗拒的態度。

如果是認識的人，突然要封鎖對方確實會讓人遲疑；但若是素不相識的陌生人，就不需要想太多了。

反正不是面對面直接表達，只是點擊畫面而已，大家就當成被我騙了，勇敢嘗試一次，就能逐漸學會在人際關係上斷捨離了。

溫柔和善的你，或許會擔心對方受傷，但對方說不定根本沒注意到自己被封鎖了。況且，就算在動手封鎖對方的當天會有點在意，等睡一覺起來，基本上也忘得差不多了。

現今這個時代，很容易與他人建立連結，如果無法篩選往來對象及所需資訊，也就是缺乏說「不」的自主判斷能力，不只浪費時間與心力，也會造成精神上的負擔。與其逼迫自己忍耐，還不如在社群媒體上練習如何拒絕，學會保護自己。

即使實踐了這項練習，偶爾也會有不順利的時候，但重點就在於——**只是一件小事也好，都要展現自己的意志，明確地拒絕**。

原本只能唯命是從，現在則有了緩衝的機會，讓自己得以跟對方保持距離。就像這樣，努力吟味一次次小小的成功體驗，逐步提升自信吧！

不必努力獲得麻煩主管的信賴

「雖然已經知道如何應付麻煩主管了，但要是這樣做，導致彼此的信賴關係破裂，那該怎麼辦呢？」

如果你有這種擔憂，就陷入了思考的誤區，因為「想獲得對方的信賴」，基本上是與麻煩主管相處時常犯的錯誤之一。

所謂的信賴關係，首先要建立在自己對對方的信賴之上。

無論這樣的關係有多重要，都不值得為此去信任麻煩主管，這只會造成精神上的痛苦折磨。即使獲得了對方的信賴，也會被旁人認為「你和對方是物以類聚」，進而遭到孤立。

那應該怎麼做才好呢？

很簡單，只要讓麻煩主管以外的其他人信任你就行了。

職場的關係，不只是建立在你和麻煩主管之間。**在你遭遇困難時能伸出援手的人，才是你應該爭取信賴的對象。**

你所在的職場一定有深受信賴的人，而他們之所以受到周遭的尊重及信任，被視為有品格、有涵養的人，想必是因為他們會身先士卒，接下沒有人願意做的工作。

在我們醫界，也有很多技術一流，卻完全不被護理師們信任的醫師。具備高超的技術或耀眼的成就，或許會得到主管的看好與器重；但光憑這些，卻不見得能讓身邊協助自己的部屬及同事給予信賴。

深受眾人信賴的醫師，平常總會主動接下麻煩的任務，而且非常重視支援自己的人們。擁有紮實的技術，是專業工作者必備的素養；然而，**若想贏得信賴，成為「眾人真心想要輔佐、支持」的人，在困難時挺身而出的體貼**

特質，乃是不可或缺。

這麼做的目的聽起來或許有點算計，但是，對人親切有禮、工作從不挑三揀四，對你來說只是理所當然的事。這樣的你，應該早在不知不覺中就贏得了身邊眾人的信賴。

別再被麻煩主管隨意擺布，繼續深化與周遭其他人的信賴關係吧！

不必費心爭取麻煩主管的好感

除了不需要獲得麻煩主管的信賴，還有另一件事也希望大家記住——不必讓麻煩主管對你留下好印象。

雖然「不必留下好印象」，但也不需要營造壞印象，目標是要讓對方產生「那個人總是反應冷淡，不知道在想什麼」的印象即可，不需要太好，也不必太差。

在職場上，最重要的是能否善盡職責、提升成果，保持「看起來有些冷淡，但工作時認真盡責」的印象，就算是麻煩人物，也沒辦法隨便刁難你。

然而，當你的反應不如他所預期，麻煩主管可能會想盡辦法雞蛋裡挑骨頭，所以你必須貫徹社會人的基本素養，保持禮貌、盡心工作，不給對方任何找碴的機會。

特別是守時及打招呼這種最基本的禮節，一旦鬆懈下來，就會變成絕佳藉口。所以，即便是視訊會議也要避免遲到、準時上線，倘若被貼上「個性散漫」的標籤，不只給了麻煩人物攻擊的理由，還會失去周遭的信賴。

此外，打招呼也有重大的意義。不管是誰，多少都有著「認同需求」，如果因為對方是麻煩主管就不跟他打招呼，除了禮貌上說不過去，對方還可能因為認同需求沒有被滿足，覺得受到了輕視。

另一方面，也**不要因為不想跟對方打照面而躲躲藏藏，這樣反而會被抓到把柄。越是不合拍，越要採取主動攻勢，搶先跟對方打招呼**。最低限度只要打完招呼就好，之後完全不用閒聊，就努力做到這一點吧！

所有平日的累積，最後都能成為面對麻煩人物時自保的屏障。

何時才是該換工作的臨界點？

懂得運用先前的建議來應對麻煩主管，當然十分重要；然而，一旦身體開始出現壓力反應，就代表已經到達努力的臨界點了。

如果出現以下的不適症狀，還是立刻考慮跟對方拉開物理上的距離吧！

- **睡眠障礙**
- **身體不適**

很多人只要承受壓力或煩惱，晚上就會睡不著，像是輾轉反側、半夜不斷醒來，或直到深夜都毫無睡意，這些睡眠障礙都是身體發出的求救訊號。要是還出現頭痛、肚子疼等身體上的不適症狀，就更要注意了，這預示著從生理到心理，都即將出現重大問題。

這些症狀尤其在早上最容易出現，若因此反覆遲到，就不要勉強自己，直接找職醫諮商，或是到身心科就診。

呈報診斷結果後，公司可能會同意讓你轉調部門；要是公司規模較小，轉調部門有困難，最明智的作法就是考慮轉職換工作。

就主管．部屬的關係而言，更為苦惱、焦慮的通常都是部屬這一方。或許有人覺得：「為了這點小事就上醫院看診好嗎？」因此遲疑不決，然而，**沒有任何事會比你自身的健康更重要**。

我們的人生目的，是過著健康幸福的生活，而工作充其量只是實現這個目的的手段之一。後續還會再針對各種情境提出不同的應對之道，但大前提是，如果出現這裡所說的兩大徵兆，就要明白所有的技巧和方法，對當下的事態都已經不適用了，必須盡快讓自己脫離當前的困境。

碰上這種主管怎麼辦？
——不同情境應對法

❶ 只想保全自己，遇到麻煩就極力撇清

這種主管在職場上很常見，大致可以分為兩種典型——

- 害怕自己受傷
- 極端恐懼自己的評價下降

對付這種主管最有效的方法，就是**劃定明確的責任歸屬**。

如果只是接受口頭指示，之後很容易被推得一乾二淨，所以要**盡量利用email或LINE等通訊軟體溝通，留下具體、確切的書面證據**。

只不過，即便我們希望狀況是如此，也不見得能如願。所以，雖然有點麻煩，在接到口頭指示時，也一定要用 email 或通訊軟體即時回報，不管是簡單的通知，或是報告目前的工作進度都行。

此時，有兩個重點務必要掌握——

- **明確地寫出「什麼事」、「來自誰」和「接到什麼指示」。**
- **預設不會收到回信，避免使用疑問句，以結論的語氣進行確認。**

只要確實做到這兩點，之後對方就很難辯稱這不是他的指示，而是你自作主張。來看看下面這個簡單的範例吧。

✕「您昨天交給我的案子，就照您之前指示的那樣進行可以嗎？」

○「您昨天交給我負責的A公司簡報，已照您指示的B方案著手進行。」

✕「關於C公司的案子，我已照您的指示提案，不知是否可行？」

○「關於跟C公司的簽約條件，已按照○○部長的指示提出D方案，後續的進展結果是……」

有的主管可能會要求口頭報告就好，這時就用口頭和email並行回報。只要遵照了主管「口頭報告」的指示，對方應該也不會禁止你使用email。

工作已經夠忙了，還要花時間做這種事，有些人會覺得是多此一舉，但若只是一時想偷懶，最後吃虧的終究是自己。為了有效自保，還是好好貫徹這些步驟吧！

2 失敗就推給部屬，成功則搶占功勞

失敗就推給部屬的主管，和只想保全自己的主管基本上是同一類型。對付這種主管，除了要做到先前所說的用email即時回報，每次接到指示時，還要當場記錄下來，這些記錄有可能在將來成為職權騷擾的證據。

總是搶占功勞的主管，也讓人既氣憤又鬱悶。但不管再怎麼生氣，遇到這種狀況時，正確的處理方式還是不要跟對方正面衝突。

社會上往往認為謙虛是一項美德，有時候越是強調自己的實力，越會讓不知情的外人產生誤解。因為無法接受主管的行為，直接把事情鬧大、引起騷動，反倒有可能讓旁人對你敬而遠之。

其實在共事時，大家自然能看出你的工作態度。總是搶占部屬功勞的主管，多半會被其他人討厭，只要了解你的實力，大家對真相都是心知肚明。所以，絕對不要跟麻煩主管一般見識。

3 受到偏頗的評價和對待

還有一種常見的職場煩惱諮商案例，就是「主管偏心」。

對方既身為主管，部屬自然會希望他做事不帶私情、公正判斷，但主管也是人，不太可能完全平等地評價每個部屬。評價的關鍵來自信賴關係，如果彼此信任，當然容易得到相應的評價；要是雙方缺乏互信，問題就會比較棘手。

然而，前面已經提過「不必努力獲得麻煩主管的信賴」，所以這時若還想得到正當的評價，可就是緣木求魚了。

「難道只能放棄了？」

不用擔心，**先將工作份量及成果加以可視化吧！**

如果你是業務，就列出所有拜訪過的公司數量與客戶預約件數；若是行政人員，就列出一天中處理的事務件數，或是因為自己提供的資訊而新增的訂單或契約等，隨時報告自己努力的成果。

光是說自己「很努力了」，評價依舊取決於主管的主觀認定，但數字和實績卻能確切地證明你的實力。我們往往不好意思展現自己的成果，但這樣下去，你所做的一切永遠不會被看見。

此外，還有另一個要點是——**提高周遭人們對你的評價**。

比方說，如果成功地跟上層建立信賴關係，也巧妙展現了自己的實績，一旦遭遇不公的對待，上層想必會心生疑問：「這個人的工作能力這麼好，為什麼直屬主管會給出這種評價？」就能從根本上解決問題。

只為了評價就對麻煩主管曲意奉承，對方很可能會利用你的感情，逼你去做不喜歡的工作，或是達成不可能的目標。所以絕對不要靠近對方，務必保持距離。

4 總是酸言酸語、冷嘲熱諷

對方會酸言酸語，自然是出於嫉妒心。當我們對他人的某些狀態心生羨慕，卻礙於自尊不肯坦率承認，就會轉而用酸言酸語的形式來表現。

對於這種「無法承認別人比自己優秀」的人，只有一個處理方式，那就是——**笑著應付過去**。

跟這種人解釋、爭辯，或是講道理，只會讓對方找到繼續酸你、攻擊你的理由，所以最好的方法就是不予理會，讓對方自討沒趣。

舉例來說，當你完成工作，打算準時下班時，喜歡酸言酸語的主管突然說：「你的工作這麼少，真令人羨慕啊！」

你只要笑著回答：「對啊，真的很感恩呢！」然後不等對方做出反應，就直接離開現場。

如果還留下來看對方臉色，等主管回過神來，就會遭受更猛烈的攻擊。在事態演變至此之前，直接瀟灑地下班回家吧！

如果真的迫於現場壓力，一時不方便就此離開，回答完「對啊，真的很感恩呢！」，可以稍待一會兒，然後看著電腦說：「突然有急件進來了，我得處理一下。」或者問對方「對了，有件事……」，藉此轉移話題。

愛說酸言酸語的人還有一項特徵，當他們的發言得到了預想中的反應，就會變本加厲，認真地跟對方辯駁，只會正中他們下懷。

每個人聽到酸言酸語、冷嘲熱諷都會不舒服，但請大家要盡力克制，在心裡默想著「這個人只是嫉妒我」，然後就不予理會、直接放過。

對這種人來說，最掃興的就是當事人無動於衷、毫不回應。當他們覺得說什麼都是白搭，自然就會停止對你的攻擊。雖然這可能得花點時間，還是努力保有內心的餘裕，笑著應付過去吧！

5 時刻監控遠距工作狀況

雖然疫情已逐漸平穩，但直到現在，還是有不少主管會這麼做，有些人甚至要求大家一整天都要開著視訊會議的攝影機……

就算是工作，一整天被監視著也是很大的壓力，而這些主管之所以有此行為，主要是出於「負面認知偏誤」（negativity bias）。

比起正面資訊，人類的認知功能更傾向於注意負面資訊，也更容易把它們存留在記憶中，這就是「負面認知偏誤」。

像遠距上班這種看不見對方的狀況，更是容易觸發麻煩主管的負面認知偏誤。比方說——

「我記得那傢伙曾經在下午打瞌睡。」

「他之前說過自己休息時會打電玩，但現在沒人盯著，誰知道他會不會在工作時間玩？」

一旦開始胡思亂想，就停不下來了。接著他們的妄想會越發膨脹，甚至要求所有人在工作時間內全程都要開著視訊會議的攝影機。

針對這樣的煩惱，我建議可以善用「每日工作匯報」來解決，讓主管確實看見你的業務處理狀況及成果，以消除對方的不安。

首先，**在前一天或一大早向主管報告當天預定的工作行程，結束時再提**

出當天整體的工作進度。

例如，幾點要去哪裡做什麼；如果有些工作比較費時，也要先用書面說明當前的進度和今後的計畫——

- 9點～10點　處理訂單（15件／30件）
- 10點～12點　外出・拜訪客戶（目的地：A公司）

確認 email 內容等細節可以省略，但自己正在做什麼、時間掌控是否得宜，以及取得何種成果，都要確實回報，讓主管掌握狀況進而放心。此時若順便提交第二天的行程，也能省下來回聯絡的時間。

提出「每日工作匯報」的建議時，可以同時跟主管交涉，能否將打開視訊會議攝影機的時間改成只限早會和晚會，還是除了會議時間外都不連線。或者，也可以先按時提交匯報，確定主管已經安心，再試著跟對方談談。

我曾向許多人提出這個建議，獲得不少正面回應，這不只解決了當事人被主管緊迫盯人的問題，對他們自己也是助益良多。

每天訂定行程表，會讓人充滿幹勁、做事更有計畫性，工作起來也更專注、有效率。能造就這樣的加乘效果，確實讓人十分開心。

6 高壓專制，讓人心生恐懼

遇到這種主管時，務必謹記——

千萬不要一個人孤軍奮戰，這樣會十分危險。

聽起來或許有點誇張，但是，跟這種高壓獨裁的人相處所造成的心理壓力，不亞於單獨面對一隻獅子。再加上這種狀況是長期持續的，因此已經不是運用技巧或訣竅就能解決的小事。

這時的首要之務還是找人商量。就像前面建議的，不要獨自默默忍受，而是要**盡早向高層主管、人事・總務部門或職醫求救**。一直壓抑隱忍，會導致內心的傷害越見深重，日後得花更多時間才能平復。

當然，就算今天找人商量，也不是明天就能解決。這時有兩項很受用、任何人皆能立刻施行的「臨時自救對策」——

● 把眼光放在痛苦的終點

每天被言語霸凌已經夠難受了，一想到「這種狀況不曉得還要持續到何時」，更會讓人陷入看不見未來的絕望之中。

所以，把注意力轉而放在痛苦結束後的時間吧！

「六點就要下班了，然後就可以吃咖哩！」

「今天下午主管會外出，到時就能輕鬆了！」

「回家以後來追劇吧！」

雖然待在公司的時間不算短，但也不是一天二十四小時都在挨罵，先以一天為單位，想像自己從麻煩主管底下解放之後的快樂吧！

即使拉長時間跨度，這個方法也同樣有效——

「一個月後會啟動新的企劃，就不必再跟這個主管打交道了。」

「如果三個月內都解決不了這個狀況，就開始找新工作吧！」

「年底會有工作輪調（job rotation），屆時就可以換部門了吧。」

明確地想像痛苦的終點，將意識與難熬的現實切割，就能提高忍耐力。

●運用「後設認知」（metacognition）

所謂的「後設認知」，是指從客觀的角度去掌握、控制自己對事物的認知（思考・感覺・判斷等）。說得簡單一點，就是**「客觀地觀察自己」**。

比方說，你正受到主管嚴厲的叱責，此時就可以試著從第三者的角度，去觀察當下的狀況。

「〇〇部長正面紅耳赤地大吼大叫耶！

然後，井上（也就是你）深怕被罵，根本不敢抬眼看部長，又因為部長職位比較高，他完全無法辯解，整個人畏畏縮縮、毫無自信……」

用「實況直播」來形容這種情境，或許會更好理解。

剛開始可能需要一點練習，試著將主語從「我」或「你」換成第三人稱（「井上深怕被罵……」），進行客觀的陳述。

善用後設認知，不只能將意識暫時從痛苦的處境中抽離，還能從客觀的角度去看待整體狀況，才不至於火上加油，說出進一步刺激對方的話語。

要注意的是，這些對策是有期間限制的。在出現睡眠障礙和身體不適的症狀之前，還是要盡早找出擺脫麻煩主管的方法。

不要為了麻煩主管浪費寶貴的人生，努力保護好自己吧！

Chapter 3

搞懂麻煩「部屬」

——了解需求、明訂規則，鞏固「心理安全感」

每個人在職場上想滿足的需求都不一樣，
你所追求的事物，不一定是部屬渴望的，
了解部屬真正的需求，並且接受現實，才是改變一切的開始。

強迫部屬採用你的作法，或是搬出大道理來壓人，
部屬為了保護自己，根本不會把你的話聽進去。
當自己的存在獲得認同，部屬才會更積極地接受你的指導。

讓部屬理解工作的全貌，明白這也和他們自己的利益有關，
訂好規則並確實執行，同時容許一定程度的自由，
表達關心與傾聽，但避免介入太深或反遭牽制，
把共處的職場打造成充滿「心理安全感」的地方吧！

跟部屬的關係總是有點卡……

許多部屬都煩惱與主管的人際關係不順利，至於主管這一方，即使沒那麼多，但覺得自己與部屬的關係潛藏著問題的人還是不少。「如何和部屬相處」，在管理職的內訓課程中也是熱門主題之一。

相較於部屬，主管在地位上有著壓倒性的優勢，所以往往會抱著得過且過的心態，不去積極處理。儘管隱約感覺到部屬的模樣不太對勁，依然選擇視而不見，導致對方逐漸累積壓力，最後忍不住情緒爆發，不少主管應該都有過類似的經驗。為了避免落入這種窘境，只要覺得「跟部屬的關係有點卡」、「這傢伙真難搞」，就要立刻採取對策。

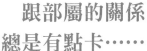

首先要確認的是——這個部屬真的是「麻煩人物」嗎？

確實，有的部屬會利用「職權騷擾、職場霸凌」的名目去攻擊主管，或者想法太自我中心，而讓周遭的人疲於奔命。不過，也有不少狀況是主管應對失當而導致誤會，或是沒有好好溝通，就認定對方「很難搞」或「無法理解」所造成的。

因此，在了解「如何應對麻煩部屬」之前，還是先審視自己平時和部屬的溝通是否順暢吧！

從「人」的角度關心對方，是信賴關係的基礎

每個人對職場的需求都不一樣

一開始，要先確認的是——**自己「是否真正了解部屬的需求」**。

有人可能會想：「就這麼簡單？」然而，不理解部屬真正需求的主管，其實出乎意料地多。

比方說，你自己是在事業上追求自我實現的類型，就認為部屬一定會這麼想、也該這麼想。但是，部屬不見得會如此。

你或許很難想像，但世上還是有一定數量的人，只把工作當成謀生手段，也不追求成就感。即便如此，依然有主管會執拗地認定不可能有這種人、這樣的想法太天真，而對部屬的觀念抱持輕蔑的態度。

身為公司員工，努力提升工作成果是應盡的職責，只要有足夠的動力，超額完成目標也並非不可能。但是，強迫已經善盡職責的員工還要付出更多貢獻，那就是職權騷擾了。

因此，首先就要明白——**你所追求的事物，不一定是部屬想要的；了解部屬真正的需求，並且接受現實，才是改變一切的開始。**

想要理解「部屬真正的需求」為何，可以參照美國心理學家亞伯拉罕·馬斯洛（Abraham Harold Maslow）所提出的「需求層次理論」（Maslow's Hierarchy of Needs）。

馬斯洛將人類的欲望需求歸納成五個層次，分別是——**生理**（**Physiological**）、**安全**（**Security**）、**社會**（**Affiliation**）、**自尊**（**Esteem**）**和自我實現**（**Self-actualization**）。

而人類的自然傾向，是從最低層次的生理需求開始，依序往上提升、滿足自己的欲望。

馬斯洛的「需求層次理論」

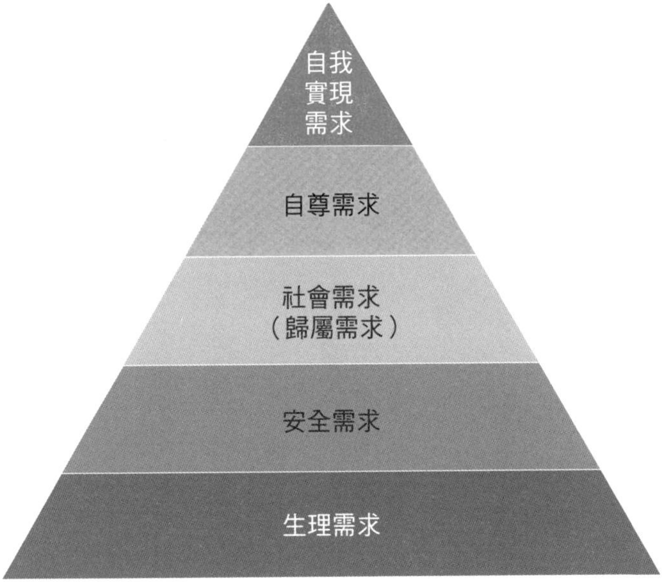

每個人都有這五項需求，但在職場上所重視的部分則各不相同。**一旦理解了部屬重視哪種需求，自然會改變與他們相處的方式**。

例如，「生理需求」指的是食欲及睡眠，這是人活著所不可或缺，加班過度就會對這項需求造成威脅。

雖然程度因人而異，但對於重視這項需求的人來說，要是無法滿足，就會極度痛苦，所以無論你自願加多少班，也不能強制別人做威脅到自己生理需求的事。

第二層的安全需求，是指想要處在身心不受危害、感到安全又安心的環境。對重視這項需求的人來說，嚴厲的叱責、或是要求他們完成不合理的目標，就會讓他們深感威脅。

第三層的社會需求，簡單來說，就是想歸屬於某個群體、被其所需要，並因此獲得滿足感。在職場外另有所屬，或是更重視自我興趣的人，即便職場不能滿足他的這項需求，也不會造成太大問題。

另一方面，也有些人要是無法在職場上滿足這項需求，則會感到不安。當他們承受批評、打招呼被忽略，或是遭到無視，就會覺得自己格格不入、沒有容身之地，因而失去歸屬感。

實際上，在我過去處理的諮商案件中，有些案主煩惱的根本原因之一，就是自己跟主管打招呼，對方卻沒有回應。

接下來的自尊需求則是「想被認同」、「想受到稱讚」；至於自我實現需求，簡單來說就是透過工作成為理想中的自己。

就像這樣，部屬在職場中追求的事物千差萬別，主管有義務掌握部屬追求的事物，部屬則有義務傳達自己的想法，這是雙方應盡的責任。

不必全盤接受，只要認真傾聽

這裡需要注意的是，即便掌握了部屬追求的事物，也不必全盤接受。

很多人會覺得：「一旦聽到部屬的想法，不是就得接受了？」

然而，即便部屬有高度的生理需求，也不能單獨特許他不用加班，公司做為營利組織，自然不可能聽從所有人的意見。

最重要的是，始終對部屬抱持關心。雖然彼此立場不同，但別忘了，無論是主管或部屬，「身為人類都是平等的」。

主管不該把自己的價值觀強加到部屬身上，而是要真誠地關心、並且傾聽「這個人抱持著什麼樣的價值觀」，用確實的態度表現出「自己有在認真地看著對方」。

一時間還沒辦法跟部屬對話交流的人，可以試著先去仔細觀察對方。一旦關係鬧僵了，想再修復就會極為困難，屆時就算好話壞話都說盡，對方也毫無反應。

因此，在認定「對方是麻煩部屬」之前，還是再一次認真地看著對方，傾聽他的想法吧！

怎麼問，部屬才會說出真心話？

每當我給出前述建議，都會有人表示「我願意傾聽，部屬卻不肯說出真心話」、「實在不知道部屬在想什麼」。明明每天都跟對方接觸，卻不了解他真正的想法，確實很讓人鬱悶。

不過，這裡要提醒大家，主管也好、部屬也罷，無論彼此之間是什麼關係，只想靠小撇步、小訣竅就問出別人的真心話，本來就是不可能的事。就像你也不會對剛認識的人、或是想保持距離的人推心置腹，傾訴自己真實的感受，對吧？

一旦缺乏與對方的信賴關係，再怎麼刺探也問不出對方的真心話。但若想讓工作順利進行，與部屬的溝通仍是不可或缺，接下來我將針對諮商時常被徵詢的兩種狀況，提供應對的方法。

1 部屬犯了錯卻還是漫不經心

當部屬犯錯，而你在進行指導時，是否曾遇過對方悶不吭聲，或只是在口頭上道歉的情況呢？

就算理智上知道，人都要在失敗中學習，然而看到部屬對自己的指導漫不經心，還是會忍不住逼問對方：「到底有沒有聽懂？」你可能只是想知道部屬是否理解或聽懂自己的話，對方卻覺得受到了責備。

面臨這種情況時，針對管理階層所寫的實用書籍，通常都會建議不要質問 Why——「為什麼會出現這種錯誤」，而是詢問 How——「應該怎麼做會更好」。

但是，如果對方知道怎麼做，早就說出自己的想法了，被問了卻無法立即回答，自然是因為「不知所措」。

這時，可以先「試著詢問部屬的心情」。

確認完實際狀況後，不要直接就開始指導，而是先傾聽對方的感受：

「現在你感覺怎麼樣？」

「先說說你現在的心情。」

不分青紅皂白就訓斥對方，或是搬出大道理來壓人，部屬為了要保護自己，根本不會把你的話聽進去。

能夠確保心理上的安全感，部屬才會更積極地接受你的指導。因此，首先就要保持自己在精神上的餘裕。

2 部屬不懂裝懂於是出了狀況

明明先前已經詳細說明過，而且詢問對方「是否聽懂了」，對方也回答「是」，事到臨頭才發現他什麼都不會……

遇到這種狀況，你大概會滿腦子問號：

「他之前都沒在聽嗎？」

「既然不懂，為什麼那時候不問呢？」

首先我想告訴大家，明明不懂卻假裝自己「懂了」的人，其實出乎意料地多。

他們可能不想被別人認為自己腦袋跟不上，或者不希望主管覺得自己很麻煩，便隨意照自己的理解進行下去，結果卻與主管想要的背道而馳……如果雙方尚未建立信賴關係，更是要特別注意。

因此，**結束說明後不要問：「聽懂了沒？」而是問：「那麼，要從哪裡開始？」以這種方式來確認**。

如果對方給出具體的答案，就能知道他理解多少；要是答錯了或沒有聽懂，也可以再次補充說明。如此一來，就能事先預防部屬搞錯方向或任意行事，造成無法挽救的重大問題。

你先主動走近對方，部屬也會慢慢對你產生信賴，知道有什麼不懂的地方都能問你，自然會敞開心胸和你溝通。

各位主管中可能有人覺得：「有必要做到這個程度嗎？我年輕的時候，主管也沒有這樣對我啊！」

要知道，時代已經改變了，如果主管仍舊固執己見，只會持續加深跟部屬之間的鴻溝。

面對部屬的煩惱，想幫忙也要量力而為

除了煩惱部屬不肯說真心話，也有些主管會為了無法解決部屬的煩惱而焦慮，造成精神上的疲憊，陷入「同情疲勞」（compassion fatigue）的狀態，這是指**過度與他人共感所造成的疲勞**。

大家應該都聽過這樣的例子——在災區看到滿目瘡痍的景象、聽聞災民的經歷，導致自己也跟著精神崩潰，這就是「同情疲勞」。而同樣的狀況，也會出現在職場上。

個性和善的主管在部屬找自己訴說煩惱時，會感同身受地想為對方做點什麼，但私生活或金錢上的問題，區區一個主管也很難使得上力。即便如此，這些主管還是會過度同情共感，於是讓自己也心力交瘁。

要預防「同情疲勞」，基本原則就是不要介入太深，以下則提供三個具體的應對方法。

1 劃分做得到和做不到的事

首先最重要的是——劃分做得到和做不到的事。有些人擔心，直接表示「這件事我幫不上忙」，會讓對方覺得受傷，但有時明確地表達自己無能為力，對雙方來說才是最好的判斷。

2 不要獨力試著解決一切

其次，希望大家記得「不要獨力試著解決一切」。身為醫療工作者，即使患者最初是到內科就診，醫師也會依照病況轉介到精神科、外科或皮膚科等適合的專科，做進一步的診治。在職場上，也是基於同樣的考量來處理。

如果是身心健康的煩惱，可以向職醫、鄰近醫院或公司內部的諮詢窗口尋求協助；債務或離婚等法律上的相關問題，則有「法律扶助基金會」之類的機構，可以免費提供諮詢。

重點就在於——**不是自己獨力試著去解決，而是事先掌握可以諮商的專門機構或專業人士的資訊**。只要匯集各方力量，盡可能為陷入困境的部屬提供需要的協助就好。

3 找時間與自己的精神面共處

最後，則是找時間與自己的精神面共處。傾聽別人的煩惱，在精神上造成的負擔超乎想像，尤其是付出相當的努力跟部屬相談、溝通，也解決不了對方的煩惱時，甚至會導致自己身心失調。這麼一來，就更不會有餘裕解決部屬的問題了。

所以，在身心受到重大影響之前，平時就要檢視以下這些狀況，做好自我照應：

- 睡眠是否充足（睡不著．反覆醒來．淺眠等）
- 酒量或菸癮是否增加
- 是否暴飲暴食或食欲不振
- 是否依然享受自己的興趣
- 喜歡的口味是否改變（只想吃重鹹或重甜．過去喜愛的食物不再美味）

不只是「同情疲勞」，壓力也容易引發這些身心變化，所以平常就要關注自己的身心狀態，才能在早期階段就發現不同於以往的微小差異。

改掉這個口頭禪，讓部屬安心聽你的

「心理安全感」（psychological safety）一詞，是由美國組織行為學家艾美・艾德蒙森（Amy C. Edmondson）在一九九九年所定義的心理學用語，意指「人們確信自己能在團隊中自在發言，不會被其他成員拒絕或責罰的狀態」。

近年來，雖然大家常聽到「心理安全感」這個說法，但仍有許多人覺得，即便自己擁有亮眼實績和優秀的能力，還是難以在主管面前坦蕩、自信地表達反對的意見。

而想要打造「充滿心理安全感」的職場，主**管有一件絕對不能做的事——**

在部屬表達意見時，使用「不過・可是・然而」等否定意味的接續詞。

是因為信任你和團隊成員，部屬才鼓起勇氣表達意見，結果卻被身為主管的你劈頭否定，只會讓好不容易建立的信賴關係出現裂痕。

如果這種狀況一直持續，部屬便會覺得說什麼都沒有意義，整個人也變得畏縮、失去自信，認為「還是閉嘴的好」，今後再也不開口發言。

當自己的存在獲得認同，才會信賴對方

即便部屬的意見有點違背常理，但對方會這麼認為，必然有某些根據。因此，就算你心裡覺得「似乎不太對」，也要先表示接受，回答「原來如此」或是「這樣嗎？」，再深入探詢對方提出這項意見的理由——

「為何你會這麼想呢？」

「可以再說明得詳細一點嗎？」

如此一來，不僅可以更理解部屬的意圖，有時候或許還會開發出全新的視角與觀點。

當自己的存在獲得了認同，人們才會信賴對方，讓彼此共處的場所（職場）成為充滿心理安全感的地方。

而**主管若是表現出願意傾聽部屬意見的態度，部屬就會確實地感受到自己的存在獲得認同**。

沒錯，將部屬引導至正確的方向，是主管的要務之一，但你隨口、無心的發言，很可能破壞掉原本煞費苦心才構築起來的良好職場氛圍。所以，說話喜歡用「不過、可是」起頭的人，最好修正掉這個習慣。

對部屬來說，主管的影響力超乎想像，務必要小心提防，別因為毫無惡意的一句話，讓部屬覺得自己的存在遭到了否定。

沒有人在乎「你那個年代是什麼狀況」

想要打造充滿心理安全感的職場，還有一件要留意的事——沒有人在乎「你那個年代是什麼狀況」。

主管與部屬成長的時代不同，經常會產生想法上的代溝。在你年輕時，大多數的主管都屬於「跟隨前輩腳步學習」的類型，但現在已是今非昔比。

總之，還是先審視自己，努力創造一個能順利推進工作，讓人充滿心理安全感的職場吧！

這麼一來，部屬對你的看法應該也會跟著改變。

部屬若「逆向」騷擾，主管一樣要積極求助

關於職場上的言語應對與環境塑造，至今已經提示了許多主管的注意事項，問題是再怎麼認真因應，還是會碰上施展「逆向職權騷擾」的麻煩部屬。

比方說，打招呼被無視、完全不聽指令、不執行交代的任務，只要叮囑幾句就出聲回嗆，威脅「你這是職場霸凌，我會通報相關部門！」，以此為名目對你步步進逼……

大家可能很難想像，有不少主管正為這種部屬所困擾，而最常被當成攻擊目標的，往往是那些非自願或不是靠實力晉升，以及個性較為軟弱的管理者。

他們害怕被認為缺乏管理能力，所以不敢找

人求助，只能默默地獨自忍受，結果絕大多數都是身心明顯出了狀況，才首度到我這裡諮商、尋求建議。

其實，周遭的部屬多少也會察覺到異狀，但因為煩惱的人是主管，很難主動表達關心，往往發現有問題都為時已晚了。

我以職醫的身分處理過不少相關案例，這些逆向職權騷擾的加害者多半沒有明確的動機。有時候，他們只是純粹想遷怒或發洩壓力，嚴重時甚至會故意折磨對方，進行精神上的霸凌，只是想把對方從公司趕出去。一旦成功把主管逼走了，他們也不會自我反省，甚至會食髓知味，再另外尋找下一個攻擊目標。

有許多人會覺得自己身為主管，不好意思向他人開口求助，也沒有採取任何行動，致使對方更是變本加厲。如果你正陷入這種困境，只有一件事要做，那就是——收集證據。

對抗職權騷擾的唯一方法，就是提出證據；沒有證據就無從調解，會演變成各說各話的局面。

與其他類型的騷擾案件一樣，要記錄時間、地點，以及發生了什麼事，有機會的話最好採取錄音等措施，盡可能留下證據。

此外還需注意的是，**絕對不要熱心地指導這種問題部屬，或試圖跟他們妥協，尤其要避免在非公開場合一對一私自相處。**

在這些逆向職權騷擾的加害者中，有不少人能面不改色地說謊造謠。他們會仗著沒有其他人看到，就憑空捏造事實，向周遭的人宣稱你把他「叫進會議室毆打」或「施行了幾十分鐘的言語暴力」。

所以，不要試著獨力解決，收集到充分的證據後，就直接提交給公司的管理部、法律遵循部（編註：compliance department，企業中進行自我控管的部門，以防制、監督不當行為，並確保企業活動均符合現行的相關法規與政策。）或總務人事部，透過第三方處理，才是最好的對策。

進行調解時，則要根據以下兩個觀點，來指出部屬的態度問題——

- 職場秩序的維持與恢復
- 基於對職場環境的考量

藉此進一步強調，這不是個人之間的問題，而是會對組織營運造成惡劣影響，將更容易得到協助。

先收集證據，再透過第三方協商以尋求解決方案，是脫離當下困境的重要關鍵。

碰上這種部屬怎麼辦？
——不同情境應對法

❶ 最基本的守時規矩都做不到

自從遠距會議普及後，聽說有越來越多主管對不守時的部屬很傷腦筋。而且，這些年輕世代都不是因為有事才遲到，而是誤以為九點開始的會議，只要在九點五分前出席就沒問題。

他們完全沒有要比主管先到的意識，能夠準時出現最好，晚了五分鐘也不算遲到。他們也不會說明原因，只是在會議快開始前，用LINE傳一句「會晚點到」的訊息。

這種狀況偶爾有過一兩次就算了，要是屢屢再犯，真的會讓人焦躁惱火。這是一種「耍賴」的行為，一旦主管容忍了這種耍賴，大家就會覺得「既然他可以，那我也可以」，每個人都開始不守團體紀律，組織也因此變得散漫。

為了防止這種狀況，一**定要嚴正提醒遲到的成員，同時明確地訂立「遲到要事先告知」、「必須說明遲到原因」的規則**。如果是會合後再一起到某個地方，則要提前傳達「最多只等十分鐘，之後就直接出發」。

這看似有點嚴格，但這種耍賴的部屬若不得到教訓，基本上是不會改變的。身為主管，教導部屬嚴守時間是應盡的責任，**為了矯正這些耍賴行為，偶爾把對方丟下，其實會有不錯的效果**。

2 不聽人說話，只是一意孤行

有些部屬不理會主管或同事的勸告，只是一意孤行；明明沒有經驗，卻無視主管的指示，堅持「要用自己的方式處理工作」，完全不受控制。

這種人的自尊心特別強，總是自我中心、專斷獨行，如果不加以約束，讓他們任性而為，會打亂優先順序、造成旁人的困擾，甚至犯下重大錯誤而為組織帶來損失。

對付這種部屬的首要策略，就是——**明確落實「即時回報」的規則**。

只不過，單方面這樣要求，可能會引發對方的反彈：「為什麼只有我得做這麼麻煩的事？」當對方出現不滿的情緒，則要說明原因讓他理解——

「一旦發生問題或失誤，造成公司的損失，我身為主管必須向內部說明狀況，有時候甚至要負起全責。所以，為了掌握部屬的工作進度和方法，即時回報的步驟不可或缺。」

對你來說理所當然的事，也有部屬是真的不懂。因此，除了讓對方理解自己有身為主管的立場、角色和責任，還要確實地讓部屬明白，這也是為了他好。只要在雙方認同的前提下訂立規則，部屬的態度應該也會改善。

就像這樣，**讓對方理解、建立共識後做好即時回報，再根據報告及共享**

資訊進行溝通。不要把自己的價值觀強加在對方身上，尊重部屬的想法，在對方偏離方向時再糾正就好。事先在心裡訂好規則，像是在某個程度的範圍內給予自由，一旦部屬越線了再做調整等，都是可行的方式。

一味強迫部屬採用你的作法，你也同樣會變成「不聽人說話」的主管。管束不受控的部屬容易讓人心煩意亂，但身為主管，還是要盡力抱持寬廣的心胸接納一切，發掘出部屬真正的價值。

3 毫無幹勁，說話消極負面

「缺乏幹勁」在組織中常被視為問題，但就我個人的意見，只要部屬有好好完成被交付的工作，就不必非得要他們展現所謂的「幹勁」。畢竟就如先前提過的「馬斯洛需求層次理論」所說，每個人在職場上追求的事物都各不相同、互有差異。

只不過，如果工作態度明顯消極，或者不顧他人情緒、說話極其負面，進而影響到整個團隊的士氣，那就不太妙了。當身邊有這樣的部屬，主管一定要採取行動，嚴正告知對方這種言行會引發問題。

大多數時候，這些打擊團隊士氣的人，並不知道自己的言行會對周遭造成負面效應。他們頂多認為「自己只是實話實說」，因此**首先就要讓他們理解，他們的問題舉動不只會使他人不快，還會給團隊帶來惡質的影響**。

不過，即便是單純地指導他們，這類型的人也只會記得「自己被罵是因為破壞了團隊氣氛」，反而對你心生不滿。所以，要讓對方明白這些行為危害的是他們自己的利益，才能有效地促使他們改進。

比方說，他們在會議中的發言破壞了現場和諧的氛圍，會議結束後，可以直接問對方：

「你覺得你剛剛那樣說話，被說的人會有什麼感覺呢？」

他們可能會回答：「應該很沮喪吧，但我說的是實話。」

你可以再問：「那你覺得旁邊的人聽了會怎麼想？」

對於你的疑問，他們可能覺得沒什麼大不了，這時就可以跟對方說：

「你那樣說話只會害到自己，最好還是避免一下，因為……」

讓對方明白，這麼做不僅讓當事人不舒服，還會破壞職場的整體氣氛，這樣就算他們再怎麼認真努力，周遭對他們的評價也只會降低。

不要強硬地禁止他們的行為，而是用勸告的方式，讓他們明白這麼做會損害自身的利益，讓他們自己意識到這一點。

4 不聽從指示，還會回嗆質疑

這種部屬不只是不聽從指示，就連要他們「把這些資料用 Word 檔整理好」，他們都會回嗆：「那有什麼用？」「這麼做有什麼意義？」

現今身為主管的世代還在當部屬時，都是「絕對遵從主管的指示，不需要詳細說明，主管說什麼就做什麼」。但是，現在的年輕人要是不明白工作的背景或目的，就完全沒有動力，不願意也沒能耐做到，陷入迷茫的困境。

以前曾經有人做過「部屬對主管的不滿」問卷調查，而令人驚訝的是，「指示不明確」這個項目竟然排名在前幾位。

由此可知，**許多部屬並非故意不聽從指示，而是不明白這些指示的目的與用意，或是主管給出的指示難以理解**。這種狀況要比想像中來得多。

為了消除這種落差，最好再次向部屬詳細說明工作的目的或背景。不要嫌麻煩，好好解釋你為什麼會下這樣的指示、為什麼需要他們執行，並且描述具體的目標及未來的願景，讓他們窺見工作的全貌。如此一來，部屬也更能安心地完成工作。

即便是做事能力一流的主管，也可能拙於管理，如果發現部屬不聽從指示，還是先審視自己下令的方式吧。

不要自以為部屬終究會明白，便強迫他們聽令行事，這樣一不小心就可能引發反彈與對抗，更糟糕的狀況甚至會導致他們離職。

不聽從指示，是部屬心生不滿的徵兆。在問題尚未嚴重時及早解決，才能避免事態擴大。

5 對「高高在上」很敏感，被勸告或指導就不悅

現在的年輕世代，對於「高高在上」非常敏感。受到勸告或指導時，他們會明顯不悅，覺得「被你踩在頭上」，進而心生反抗，這都是因為你指導的態度讓他們覺得「高高在上」。

我認為，這與學校教育有很大的關係。

現在的學校老師不再有立場嚴格地管教學生，只要態度稍微強硬一點，父母就會向學校抗議，學生也會揚言要「通報教育委員會」。在不可能進行嚴格指導的這種環境下，年輕世代多半缺乏被長輩或上級叱責的經驗，他們認為自己不是在學校「接受老師的教導」，反而認為老師是「拿錢教書」的

人，他們這些學生都是「付錢來學習」。

的確，人皆生而平等，但他們若帶著這種心態進入社會，就會無法理解職場存在的社會性上下關係。或許，這也是某種時代潮流的變化吧！

如果主管認為「社會人本該如此」，仍然用以往的方式進行指導，部屬就會難以接受，原本熱心的指導也會被當成是「踩在別人頭上」或「態度高高在上」。

跟這樣的部屬相處，可以在指導前展現同理的態度。當對方出錯時，不要劈頭就指責「這種作法行不通啊」，最好加入以下緩衝的話語——

「大家剛開始都是這樣……」

「我以前也犯過同樣的錯……」

不要立刻否定部屬，而是先包容對方的思考和行動，再提出自己的意見及想法。

如果擔心這種態度會讓自己被部屬輕視，平時就可以告訴對方「一旦失敗，自己這個主管必須負起責任」。**領導能力不該只是展現嚴厲與權威，溫和地讓部屬理解彼此的上下關係，再進行勸告或指導，部屬終究會懂得用不同的方式，看待工作上的一切。**

現今是個難以掌握的時代，跟這樣的部屬正面衝突，基本上是在對抗時代的潮流，還是改變自己的觀念，一起順流而行吧！

6 每次失敗，只會找藉口搪塞

無關乎立場或年齡，每次失敗都會找藉口的人，共通點就是不覺得自己說的是藉口。他們甚至會認為「我已經充分說明失敗的理由（雖然在旁人看來全是藉口），所以我盡責了」，如果不從根源解決，他們還是會反覆犯下相同的錯誤。

面對這種部屬，不只要關注他們失敗的事實，還要**把問題聚焦在對方是否知道「怎麼做才會順利」**。

例如，當部屬說「因為預算不夠才沒完成任務」，就詢問：「那要多少預算才能完成？」要求對方提出具體的想法。

你可以從旁給予一些提示，或是做球給對方，讓部屬自行思考並得出答案，就能在本質上改善這個問題。

7 讓人擔心遠距上班會摸魚

第2章提過，因為遠距上班時看不見部屬，主管便擔心他們沒有好好工作，這是出自於「負面認知偏誤」。比起正面資訊，負面資訊更容易存留在大腦的記憶裡，這是人類自我保護的生存本能。

只是，當主管被負面認知偏誤過度影響，就會不由得想起部屬過去打瞌睡或偷懶聊天的模樣，腦子裡不斷浮現他們沒在工作開小差的狀況，變得越發焦慮。到頭來，甚至連平常認真工作的部屬都變得可疑。

而主管為了消除不安，便提出各種極端的要求——「工作時間內全程開啟視訊會議的攝影機」、「每小時都要報告一次工作進度」……這樣除了對部屬造成嚴重困擾，主管為了這種無謂的憂慮而勞神分心也並非好事。

有一個方法能解決這個問題——**利用「正面想像」取代「負面想像」**。比方說，**擔心部屬可能偷懶時，就立刻想出部屬在工作上的三項優點或評價良好的部分**。這麼一來，原本傾向負面的思考就會回到中立的狀態。

人類的思考習慣會傾向負面，這是無可避免的本性，如果不有意識地維持平常心，就會在管理部屬時猛鑽牛角尖。

所以，不要將心力用錯地方，導致團隊的生產力下降，努力挖掘出每個部屬正向、積極的一面吧！

Chapter 4

隔離麻煩「同事」

——保持安全距離，沒有關係就是最好的關係

職場人際關係的「基本距離」，
是「讓工作順利進行」的關係，
不必連私下的個人時間和生活都過度配合，
只要依照自己的意願行動就好。

溫和、體貼及協調性很重要，
但一味遷就或獨自承擔，只會被麻煩人物操控、利用，
當對方無視你的處境一再無理要求，
就代表他對你的依賴正逐漸加深，只會讓人身心俱疲。

如果有想更親近的人，當然可以敞開心扉，
但我們不需要和每個人都保持「相同」的距離。
隔離壞話八卦、劃定責任歸屬，建立自己的取捨標準，
麻煩人物一旦無處使力，就會另尋目標、自動淡出！

作用過度的同儕壓力，讓人喘不過氣

人只要聚集在一起從事某種活動，便會形成集團，而這個群體當中就會產生所謂的「同儕壓力」，這是一種「無形中被迫要配合周遭的人，表現出相同想法與行動的力量」。而公司是「朝著共同目標，團結一致提升整體業績」的組織，自然更容易形成同儕壓力。

正向的同儕壓力可以提高團隊的凝聚力，但若是作用過度，就無法包容多樣性，開始會強迫每個人：

「在同一時間、同一地點工作吧！」

「公司遭遇困難時，所有人都要共體時艱，不允許有人私下放鬆。」

整個組織於是變得讓人難受、窒息。

同儕壓力形成的根源，是「人皆平等」的思想。「平等」乍聽像是不見歧視、平和安詳的世界，但反過來看，就是不允許同仁中有誰嶄露頭角，或是有任何人單獨輕鬆。

就算是同一家公司的員工、同一時期進來的同事，每個人的能力和性格都有所差異，擅長的領域也不一樣，展現出來的成果自然各不相同。即便如此，有些人還是對這樣的「差異」心生妒意，試圖對他人貼上「那個人真是狡猾」、「那傢伙好不合群」等各種標籤。

而遭受嫉妒的一方，為了避免不必要的麻煩，往往也會勉強自己和他人同步，屈服於同儕壓力。一旦身心出了狀況，看診後被醫師勸告最好暫時休息，還會繼續擔心著：「大家都那麼辛苦，只有我一個人因病休假，恐怕不會被諒解吧……」連申請留職停薪都遲疑不決，這就是被同儕壓力箝制的典型例子。

尤其亞洲人從小在各式各樣的情境中，都被要求不可以破壞和諧、不能給人添麻煩，必須和周遭同步作為；學校教育也總是諄諄教誨，告誡我們合群的人才是好孩子。即使到了「大家都有機會充分發揮個人能力」的職場，我們依然深受「必須配合他人」的心理所影響。

的確，人皆是生而平等，但每個人的「能力」各有差異，也是理所當然的事。身為組織的一員，為了完成任務，某種程度上需要和周遭的人們協力合作，但這並不代表必須隱藏自己寶貴的實力，只為了配合眾人腳步，而順從於同儕壓力。同樣地，我們也無需因為有某些能力不如他人，就把自己逼到身心失調，或者覺得自卑。

這也適用於每天一起吃午餐，或在週末跟同事約定要從事工作之外的活動等狀況。**你和職場中共事的人們必須協調、合作的，只有工作上的業務，不必連私下的個人時間都過度配合，只要依照自己的意願行動就好。**

你被麻煩同事纏上了嗎？注意這個警訊！

身為社會人，多少都曾感受過所謂的同儕壓力，要是因為不好意思拒絕，就完全配合或聽從周遭的意見，便會漸漸被麻煩人物纏上，當成工具人利用。

舉例來說，明知道你不喜歡或感到困擾，卻不考慮你的處境，一直要你「聽我說嘛！」或是要求「幫幫我吧！」，如果身邊真有這種同事，就要小心了。**當對方「反覆出現無視你處境的言行」，就代表他對你的依賴程度正不斷加深；再加上你不敢拒絕對方無理的要求，最後就會被玩弄於股掌之間**。

萬一陷入這種困境，首要之務就是跟對方拉開物理上的距離。

雖然很難完全不碰面或不說話，至少當對方開始抱怨或說人壞話時，可以這樣回應，**先試著設下時間限制**——

「我手上有個案子急著要處理，只能聽你說五分鐘喔。」

「我現在有點忙，大概只能聽你說五分鐘，不好意思。」

「我實在沒空，頂多能給你十分鐘喔！」

就像這樣，預先準備好幾個用來拒絕的句子。當你能夠拒絕對方了，就去除時間限制。

「我現在很忙，實在沒有時間。」

「我今天下班後（午休）有事了……」

只要表現出就算你想抽空也無能為力，就不會被當成壞人。

當別人有事找我們商量，我們總會不自覺地想要「給對方受用的建議」。

但如果原本就不太習慣做這種事，卻又努力想解決他人的煩惱，便會造成相當的心理負擔；要是對方還一直依賴、糾纏，只會讓自己身心俱疲。

在精神上還有餘裕時，這自然沒有問題，但若是長此以往，總有一天會忍不住情緒爆發，向對方抗議：「真是夠了，你也差不多一點！」

有這種依賴性格的人不一定懷著惡意，但看到先前一直親切聽自己說話的人突然發飆，很可能會反過來惱羞成怒。

明明是他不顧你的狀況和心情一直糾纏，卻只有你被當成是壞人，任誰都會受不了吧！

其實，我們身為醫療工作者，為了避免讓患者產生依存心態，也需要跟他們保持距離。例如，當患者來醫院的次數超出了醫生建議，就代表他們對醫療人員的依存度增加了，這時便需要向他們說明依存度加深的狀況，同時拒絕更多的診療、保持適當的距離。

溫和、體貼及協調性很重要，但一味地迎合、遷就別人，只會被對方操控、利用。出社會之後，不能只用周遭的尺度來判斷一切，更要建立自己的標準。而這個「標準」是什麼呢？我認為是「感受和情緒」。

在公司裡，不能「因為不想做就不做」，但也不必為了配合周遭眾人的腳步，勉強自己假裝喜歡不喜歡的事。

你有什麼感受，完全是你的自由，不必連自己的情緒都否定。

職場是工作的地方，不是交朋友的場所

還有一件事希望大家記住——在組織裡，除了要建立自己的標準，另一方面也必須站在對方的角度思考。

對他人的想法照單全收，會被對方操控；但只顧著堅持自己的標準，也可能影響到旁人。

我們會接收到各種不同的要求，只是言聽計從、盲目地順應，並不是適當的作法。首先，**可以站在對方的立場綜觀當下的狀況，然後再試著思考，對方現在最困擾的事是什麼？那是你應該做的事嗎？**

同事的抱怨牢騷，不只優先順序低於工作，更不是你非聽不可的事。依照你自己的標準，若覺得「我現在不想聽」，那就不聽也無妨。

無法立即改用自己標準行動的人，可以從改變午休的安排開始練習。

例如，先前總是和同一群人吃午餐，下次可以試著跟其他人出去，或者乾脆自己去；如果每次都是別人決定要去哪家店，下次可以提議自己想去的店……等等，先從跟工作不直接相關的事做起，也會比較容易。

從日常中能做的事，開始一步步嘗試吧！再提醒大家一次，職場是工作的地方，不是交朋友的場所。職場的人際關係，只是要讓工作順利進行、為公司帶來利益的一種手段，為此，某種程度上需要和旁人保持良好關係，但如果還有別的手段也能達成這個目的，改用其他方法也未嘗不可。

不需要對每個人
都保持「相同」的距離

我認為，人的距離感不是用〇或一百、好或壞這種一翻兩瞪眼的指標就能判別，而是更曖昧的感受。說得清楚一點，也就是距離感的評估，或者讓人感到舒適的距離，基本上因人而異。

有些人往往會誤解，其實我們不需要對每個人都保持「相同」的距離。如果不能維持自己覺得舒適的距離，就會無謂地消耗內心能量，造成巨大壓力。

我們沒有必要對人無禮，但在家人與戀人，以及今天初次見面的人之間有著不同的距離感，是再自然不過的事。

職場人際關係的「基本距離」，是「讓工作能順利進行的關係」。不遠不近，對彼此都沒有

壓力的適當距離，是處理職場人際關係的基本原則。

如果有想更親近的人，可以主動敞開心扉，或者和對方一起去吃午餐，建立工作之外的關係。但要是對對方沒有這種想法，卻依舊認為自己必須這麼做，就是搞錯了彼此之間應有的距離感。

與他人拉近距離不是壞事，但並非是必須，更不是該被要求、被強迫的事。許多向我諮商職場煩惱的人，都是因為拿捏不好這種與他人的距離。

有一個合宜的標準可以用來確認這種距離感，那就是——日常的交流是否超出了「與雙方角色相應的話題」。

以職場來說，與雙方角色相應的話題僅限於工作。要是談到了家庭和個人的煩惱，或是計畫假日一起去釣魚，彼此的關係就會比工作關係更親近。

如果是想保持距離、甚至想遠離的人，就不要為了填補空檔，勉強跟對方聊天或分享以前的糗事、敗績，主動提供交流的話題。

還有一種狀況，則是忍受不了沉默的尷尬而開口。但會陷入沉默，只是證明了對方也不擅長聊天，說不定對方根本不想說話。

兩個人獨處時或許會特別尷尬，但這也不是你一個人該操心的問題。人與人之間的距離，想逐漸變得親近很容易，要慢慢疏遠卻很困難。即使遇上了看似心靈相通、一見如故的人，在尚未了解對方的人品之前，又何須毫不設防地立刻坦誠相對呢？

先保持平常心，以和公司同仁立場相應的距離感為基礎，穩練地構築適合自己的人際關係吧！

被麻煩同事討厭，反而是脫身的絕佳機會

對於職場上的人際溝通，可以先做好一項心理準備——**被麻煩人物或不合拍的人討厭，不再跟自己說話也沒關係**。

先前已再三強調，要避免與麻煩人物接觸，最快速的方法就是讓對方覺得你是「難以親近」的人。一旦減少與麻煩人物說話的機會，自然會降低溝通的壓力，所以只要帶著「不跟自己說話＝好事」的心態就好。

這種一開始就刻意接近你、隨便踩踏你內心領域的人，根本不會察覺到你其實十分困擾。如果覺得對方越線踏進了自己的舒適圈，就可以試著改變應對的態度。

例如，聽對方說話時顯得漫不經心、不以為然，中途還可以去放一下包包，或不耐煩地雙手交叉抱胸、不用正眼看他等等，擺出「很難相處、不好親近」的模樣。持續一陣子之後，對方應該也會慢慢疏遠。

就算是夫妻或家人等關係親密的對象，長時間相處下來，也會讓人不知不覺感到疲憊，更何況要勉強去迎合不喜歡的人，累積的壓力會更逼人。時時確認好自己與周遭人們的距離，保持不遠不近、恰到好處的距離感吧！

不想惹惱對方，就用「萬能拒絕法」！

當你能依照自己的標準判斷事物的取捨，就會面臨需要拒絕請求或邀約的狀況。接下來將分成三個步驟，向大家介紹一種「不會惹惱對方」的萬能拒絕法。

在絕大部分的情境下，採用這種方式拒絕，都能避免留給他人負面的觀感。

1 表達感謝

舉例來說，被要求加班時，不要立刻給出結論，而是先表達「感謝」。

「謝謝你的請託。」

「謝謝你來找我。」

就像這樣，**先表示理解對方的心情與期望。**

總是要求你幫忙的人又來拜託時，你可能容易表露不滿的情緒，這時一定要忍住，先帶著微笑道謝吧！

❷ 解釋拒絕的理由並致歉

接下來是「解釋拒絕的理由並致歉」。只是直接跟對方說「不行、做不到」，會給人不近人情的感覺，這時不妨換成：

「我約好要帶父母去看診，不好意思。」

「很久沒見的故鄉好友來找我，所以我有約了，真是不好意思。」

事先準備好幾個讓對方覺得「那就沒辦法了」的理由，以防萬一。

如果是假日出勤的要求，則可以用類似這樣的理由拒絕——

「朋友那天要結婚，所以沒辦法。」

「之前已經答應要幫朋友搬家了。」……

重點在於——**要明確地表現「雖然願意，但忙得抽不出時間」的態度，再加以拒絕**。

如果實際上真的忙不過來，可以照066頁建議的，在A4紙上列出「待辦事項清單」，再請對方看看，對方應該就能理解。

❸ 暗示「期待下次」

不過，在❷的對話結束後，提出要求的人還是會有「啊，被拒絕了」的尷尬感受，這時就要進入第❸步驟了。

「謝謝你來找我，下次如果還有機會，請再跟我說一聲。」

就像這樣，**最後再傳達下次一定會答應的心情**。

運用這三個步驟，即使表明拒絕，仍會給人貼心有禮的印象，被拒絕的人也能坦然接受，覺得「好吧，看來這次真的沒辦法」。

特別是同事之間，一旦沒拿捏好拒絕的尺度、或是用錯了方式拒絕，很可能會阻礙雙方的日常溝通。為了別讓麻煩人物抓到把柄為難你，試著用這三個步驟來拒絕對方吧！

碰上這種同事怎麼辦？
——不同情境應對法

❶ 不聽別人的意見，始終自以為是

不聽人說話，多半都是因為看待事情的角度很自我中心，若以專業用語來形容，就是「自我意識過高」。

這種人極為固執，對於跟自己相異的想法總是不屑一顧。尤其是他們多半有過貫徹自身意志而造就成功的經驗，所以容易輕視其他的意見與觀點。不管別人說什麼，他們都堅持己見，絕不動搖。

有不少醫生屬於這個類型，往往患者才剛說話，他們就直接下了結論。他們大都思想敏捷，覺得很多事不用說也該明白，但從患者的角度來看，只會認為對方是「不聽人說話的醫生」。

這種個性用對地方會頗有助益，但大部分的狀況，只會讓人在不知不覺間變得一意孤行，甚或對別人造成傷害。遺憾的是，跟這種人講道理或表達異議都無濟於事，他們完全不關心別人怎麼想，任何意見都只當成耳邊風。

想要引起他們的注意，必須花費一點工夫。**如果用說的會被忽視，那就將想法「可視化」吧！**做成表格或流程圖，從頭到尾仔細地加以說明。

還有另一個方法，則是在說話之前先加一句：

「有件事想聽聽您的意見……」

這種人多半充滿自信，一旦加上這句話，他們就會對你要說的事情更感興趣，也更願意聆聽你的想法。

2 愛說八卦壞話，破壞職場氣氛

這種人的特徵，就是話題的中心永遠繞著別人打轉。

他們不會告訴別人「剛剛我被主管叫去唸了一頓」，而是老在議論其他人，例如「之前進來的那個〇〇，聽說是從A公司離職的……」，從來不把自己當成話題的主角。

這種行為的背後，其實潛藏著低落的自我肯定感。也就是說，他們四處傳播目標對象的缺點過失或不想讓人知道的事，是意圖損害對方的聲譽，同時抬高自己的身價，因為「連這種事我都知道，所以我很厲害吧」。

更糟糕的是，這些行為都是無意識的舉動，他們不僅不認為自己在道人長短、散播八卦，甚至覺得是在「分享貴重的情報」。一旦被他們選為「分享者」，只是隨便附和一聲都可能被當成共犯，說不定還會因此背上黑鍋，被他們栽贓那些話是「你說的」。

都已經被迫聽了自己根本不想聽的話，要是還因此被連累而評價受損，可就太划不來了。

要應付這種人，只有兩個方法——

• **盡可能不和他們待在一起，也不要閒聊談天**

• **明確地表示自己對壞話及八卦沒興趣**

總之就是保持距離，不聽他們說長道短，才是自保之道。能避開當然最好，要是真的沒辦法，就從頭到尾表現出不感興趣的樣子吧！

例如，聊天聊到一半，對方突然開始說別人壞話，只要回答：「喔～～是這樣嗎？」然後便轉開視線，低頭滑手機或假裝專心工作。盡可能不著痕跡地退出對話，對方自然就會去找下一個分享的目標。

3 總是自視甚高、很愛自我誇耀

就如第1章所說，總是自視甚高、自我標榜的人往往都缺乏自信，經常感到不安。他們可能對此有所察覺，也可能毫無感受，但為了不讓周遭發現這一點，大部分的人都會藉由自我誇耀來維護自尊，或者表現出高高在上的態度，以保持優越感。

對付這樣的人，我建議的方法是——**讓他們「愛怎麼誇就怎麼誇」**。

一旦你被他們視為「對手」，對方就會想盡辦法要踩到你頭上。和他們正面衝突，只會讓對方反應得更激烈；你越是努力對抗，就更加消耗自己的能量。所以，**只要隨便附和幾聲，讓他們「炫耀個夠」，他們就會逐漸削減對你的敵意和興趣**。

剛開始你可能會覺得煩躁，很難忽視他們的自我誇耀，這很正常，畢竟他們就是要激怒你、讓你不高興，才故意這麼挑釁，看到你對他們說的話有所反應，他們就開心了。要逼自己假裝沒聽到，起初一定很痛苦，但只要發現他們又開始自吹自擂了，就盡量把耳朵關上吧！

另外還有一個不錯的方法，那就是——**「當對方開始自我誇耀，就跟著拚命誇」**。

當別人過度稱讚自己時，一般人都會產生戒心，而諷刺的是，這種喜歡自我誇耀的人原本就充滿不安，所以幾乎沒有警覺性。

「你真是太厲害了！我一輩子都比不上！」像這種別人一聽就很「假」的誇張讚美，這種人基本上都會聽得很開心，所以，**不妨就抱著遊戲的心態玩玩吧！**只要滿足了對方的認同需求，說不定反而會得到他們在工作上的協助或受用的建議。

4 把自己的過錯轉嫁到別人身上

說實話，這種人才是真正要注意的對象，因為這已經不是忍耐一下就能解決的問題了，一不小心就可能禍從天降，讓自己遭受實質的損害。

他們之所以這麼做，背後隱藏著完美主義和自戀的傾向。工作上的失敗原本與身為人的價值毫無關連，但在他們看來，兩者卻是對等的。

失敗了，只要真心道歉並妥善因應就好，他們卻會認為「道歉＝承認失敗＝損害身為人的價值」，所以不可能道歉。於是，他們會怎麼做呢？那就是直接把罪責推到不敢出聲辯駁的無辜者身上。

只有一個方法可以有效防止這種狀況——**「盡可能劃定責任歸屬」**。如同077頁說過的，不要用口頭決定，而是以email或通訊軟體溝通。就算對方還是只用口頭通知，也可以用email或通訊軟體回覆：

「剛才討論時說好了，我是負責〇〇的部分，我就照這樣進行囉！」

將此當成工作劃分配置的證據，以備不時之需。

其次，**最好避免和對方一對一往來互動**。只要當中還有第三者，即使之後發生問題也還有人證，可以盡量減輕受害的程度。

5 有著強烈的認同需求

不管是誰，多少都有著「想被他人認同的需求」。認同需求本身不是錯誤，但要是索求過度，就會對旁人造成困擾。

對於這樣的人，有以下三種因應的方法——

● **巧妙地刺激對方的認同需求**

例如，碰到自己不擅長的工作時，可以跟對方說：

「這個工作超出我的負荷了，所以我想拜託能力頂尖的您幫忙……」

只要滿足了對方的認同需求，他們就會開心地接受你的請求。

● **用對方原本的話語來回應**

例如對方說：「我今天在早會上的報告表現不錯。」

這時不要回答：「真的說得很棒。」

而是要說：「〇〇姐在早會上的報告，讓我獲益良多。」

就像這樣，先直接點名，再用對方原本的話語回應，效果會更好。

這看似是小細節，但**對於認同需求強烈的人來說，如果不用他們原本的話語回應，即便只是改變一下措辭，他們就可能覺得受到了否定**。平常和他們說話時，可以稍加留意這一點。

‧對每件小事都表示感恩

這個方法不只適用於認同需求強烈的人，更是對一切人際溝通都大有助益。人只要知道有人在關注自己，就能感到滿足，所以真誠地表達感謝、維持剛剛好的距離，與對方建立適切的關係吧！不要帶著利用的心情，而是保持做人該有的分寸，配合對方的個性耐心相處就好。

6 只做自己想做的事，單方面把工作推給別人

明明大家都有自己擅長和不擅長、喜歡和不喜歡的工作，這種人卻偏偏只做自己想做的事，其他全推給同事或後輩……

對旁人來說，這種人著實是棘手的大麻煩，此時不必猶豫，就直接找主管商量吧！

工作分配本來就是主管的權責，你不需要涉入太多，透過主管這個第三者來解決就好。

只做自己想做的事、把工作推給別人的人，一定帶有某種目的，可能是為了落個輕鬆，也可能是想做的工作更容易提升自己在公司的評價。

無論如何，要是讓他們為所欲為，對方只會得寸進尺，還是在事態變得不可收拾之前，盡早設法處理吧！

Chapter 5

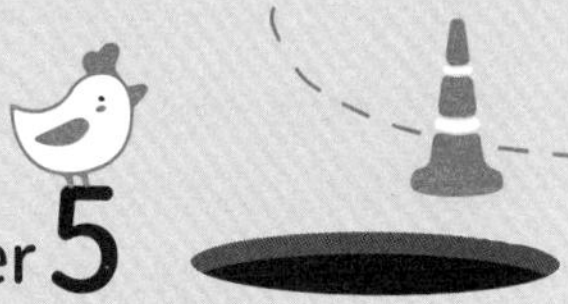

退治麻煩「客戶」

——堅守底線、巧妙拒絕，為彼此都留點餘地

不管面對的是無理奧客或難搞客戶，
你都只是代表公司的斡旋者，雙方並不是個人的往來，
清楚區分哪些是自己應盡的職責、何時又需要借助公司的力量，
才能冷靜地抵擋攻擊、化解困境。

一旦讓對方認為再過分的要求都會被輕易接受，
原本只想隨便拗一下的欲望就會因此膨脹，更加得寸進尺，
只要屈服過一次，就會後患無窮。

即使對方咄咄逼人，也不能「破例」處理，
你無需當場回應對方的索求，同時要避免獨自解決，
必要時向上通報、尋求外援，爭取「改天再說」的空間，
讓對方無機可乘，自然會知難而退。

碰上奧客，絕不能做這件事！

身為職醫及精神科醫師，我發現近來苦惱於客服問題而前來求診的患者越來越多。

無理的「奧客」之所以不斷增加，我想是源自於固有的「客人就是神」、「付錢就是老大」的消費者意識。

原本消費者與業者的關係是「一方提供商品和服務，一方支付相應的費用」，彼此之間是對等的；更不用說身而為人，就算是顧客，也不能做出損害店員尊嚴的行為。

然而，現今網路及社群媒體的口碑傳播影響力超乎想像，只要發生一點小事，就會有人威脅著要「PO上網讓大家公審」，所以想必會有更多客人藉著這股趨勢無理索求。

就業者來說，可以冷靜對話、平穩地解決問題自然最好，遺憾的是，這種人根本聽不進任何道理或店家的苦衷。

不過，提供服務及商品的業者也有自身想要守護的權益，這一章就是要教大家運用具體的對策，維護這些權益、同時將傷害降到最低。

有的奧客當場發完一頓脾氣就離開了，但有更多人會糾纏不清，對店家提出各種要求。改善服務內容、換貨或退錢等已是司空見慣，偶爾還有人會獅子大開口。

碰到這種狀況，究竟該怎麼處理呢？

最不應該做的事，就是百分之百答應對方的要求。

一旦讓對方認為再過分的要求都會被輕易接受，原本只想隨便拗一下的欲望就會因此膨脹，更加得寸進尺。

由於惡質的奧客增多，業者也要有拒絕的勇氣，只要對這種人屈服過一次，就會後患無窮。想從根本上解決問題，就不要只是勉強應付掉眼前的難關，而是必須讓對方理解「我們不會答應不合理的要求」。

接下來，就要告訴大家面對奧客時該有的心理準備，以及各種具體的因應方法。

處理客訴，記得掌握兩大要訣

❶ 客人的抱怨指責，都不是針對你個人

首先，面對奧客時要切記這一點——他們所提出的無理要求或客訴，都不是針對你個人。

當客人指名道姓對著自己大吼，或是陰陽怪氣地一直碎唸，往往會讓人覺得對方是衝著自己來，但大部分時候都不是如此。

客人不是針對你個人，而是對你的公司、這家店有所不滿。請務必記得：「他們只是剛好把對公司的不滿發洩到你身上而已。」

有的人責任心太強，覺得必須獨自解決或承擔所有問題，這只會讓自己心力交瘁，精神狀態不佳時也無法冷靜地應對。

為了讓奧客明白自己「不可能接受超過底線的要求」，**首要之務不是直接承受他們的攻擊，而是將自己隔離開來，站在超然的立場處理**。

❷ 處理問題時，要設定時間限制

接著要推薦的另一項原則是——

設定時間限制，像是「一對一處理以十分鐘為限」。

事先決定好明確的規則，個人應對以一人十分鐘為限，現場處理則以三十分鐘為限。

這種奧客為了達到目的會不斷糾纏，讓苦惱時刻無盡地延長，對精神造成傷害，實際遭遇過的人想必深有所感。從精神科醫師的角度來看，單方面被責罵、抱怨還必須保持冷靜，忍受的界限就是十分鐘。

最初面對奧客的人，在十分鐘後可以跟對方說：「我請主管跟您談。」然後換成主管來處理。

接著主管也是應對十分鐘，再轉而誘導對方：

「我會將您的意見回報給總公司。」

「現在無法馬上做出決定，可以改天再跟您聯絡嗎？」

對方可能會想辦法逼店家給出承諾，這時候一步都不能退。

這些人的認知本來就偏離常識，如果還處在亢奮狀態，更是說什麼都沒用。所以，**最好加入「改天再說」的選項，為自己爭取一些時間，等對方冷靜下來再做因應**。

醫院裡也很常發生這種狀況，原因當然是患者的權利越來越大，再者就是他們通常都處在身體、精神痛苦的狀態，只要等待診療的時間一長，就會有人在醫院櫃檯發脾氣。

醫院確實應該改善候診時間太長的問題，但如果就這樣讓患者在櫃檯鬧上一兩個小時，也會導致業務停滯，給其他患者帶來困擾。因此，幾乎所有醫院都有這樣的規則——「先聽對方說幾分鐘，再逐漸增加應對人員，最後改換到其他時間處理」。

很多企業會將客訴處理制度化，但員工往往不曉得有這些規則。因此，可以先查詢一下自己工作的公司或店家，是否設有應對客訴的相關規定。事先做好準備，一旦碰到惡質的奧客，精神上也會更有餘裕。

會變成奧客，是想滿足「認同需求」

前面提到了該如何應付藉由惡意客訴索求無度的奧客，其實，會因為一點小事就惱怒、發火的人，都有著類近的特質和行為模式。

這種人的共通點就是——他們都不認為自己是在「惡意客訴」或「提出不合理的要求」。相反地，大多數的人甚至會擺出正義使者的姿態，覺得自己在做「對的事」。

明明客觀上看來，這些言行舉止顯然很不合理，但他們為何還是執意這麼做呢？

因為，**在這些人的內心深處，其實都潛藏著「認同需求」**。

他們平常就覺得「社會沒有對自己的能力給予正確評價」、「自己的存在沒有受到認同」，因而心生不滿，也就是「認同需求」沒有被滿足。他們認為「自己應該是更受重視的人物」，只要沒有得到預期中的服務，就會產生被害者意識，覺得自己「被怠慢」或「被瞧不起」。

舉例來說，有的年長者會把年輕店員叫過來，指責對方「服務態度不夠好」，然後開始說教，這就是源自於「想讓自己在社會上的存在價值及必要性受到認同」的深層心理。

當他們藉由發怒促使對方道歉，就會對當下產生掌控感，進而正當化自己的行為。這種「能掌控對方（現場）」的感覺稱為「自我效能感」（self-efficacy），會給人類帶來很大的快感，因此只要有過一次成功經驗，就會為了再度享受這種快感，導致行為變本加厲。

試圖安撫怒氣，反而會刺激對方？

任誰都有可能遇上錯不在己，客人卻突然發飆的「倒楣事」。要是一直沒有找出正確的應對方法，不只會留下可怕經驗，還可能火上加油，讓狀況更為惡化；一旦掌握了處理之道，就會比毫無頭緒時更為沉著、鎮定。

為了防止事態朝最糟糕的方向發展，還是提前記住正確的處理方式吧！基本上，應付故意鬧事的無理奧客，大致有以下幾個要點。

不要表現出慌亂或緊張

首先，無論有多麼害怕，都不要表現出慌亂或緊張的樣子，這一點很重要。即便心裡真的很恐懼，也要保持坦然、堅決的態度。一旦讓對方覺得你軟弱、好欺負，他們就會沒完沒了地教訓你。

突然遇到這種事，不免會驚慌失措，但只要記得「對方不是針對自己」或是「忍耐十分鐘就好」，便能讓心情先平靜下來。此外，089頁提到的「後設認知」也很好用。

不要試圖安撫對方的怒氣

另一件絕對不能做的事，就是試圖安撫正在發怒的顧客。特別是店長、主管或現場負責人等職位較高者，只要說出「好了好了，不要這麼生氣嘛」之類的話，試著大事化小、小事化無，絕對會造成反效果。對方可能因此惱羞成怒，反過來指責：「誰生氣了！你們實在太沒禮貌！」

「安撫」這個行為，會讓奧客覺得「你打算控制他的怒氣」。如同前面說過的，「能夠掌控對方」的「自我效能感」，會給人帶來相當大的快感；當立場反轉過來，則會讓人極度不悅。

所以，不要安撫對方，而是認真地傾聽對方的說法，就算覺得很荒謬，還是先抱著「自己可能也有疏失」的心情，**讓對方盡情吐露「為何生氣」、「為了什麼而發怒」的情緒吧！**

在傾聽對方抱怨的期間，如果還是認為說法不合理，也絕對不要反駁；即使心裡覺得「既然那麼愛抱怨，那就不要來啊！」，也不能讓對方察覺，否則更會助長對方的怒氣。

暫且忍耐一下，聽聽對方怎麼說吧！等到對方發洩得差不多了，就可以進入下一個步驟。

對顧客的情緒表示「同理、共感」

接下來，要表示自己能夠理解「對方想生氣的心情」，再為此致歉：

「我很理解您的心情，讓您感到不愉快，真的非常抱歉。」

不過，**這只是為了「顧客特地前來光臨，卻讓對方感到不愉快」這件事**

致歉，而不是承認責任、過錯全在己方。

當然，單憑這樣無法讓對方怒氣全消，但只要對方感覺到店家是真心為了惹他不快而致歉，絕對可以緩和逐漸升高的怒氣。等到對方冷靜下來，再開始回應他們的主張。

若是正當的訴求，可以告知今後會改善；如果要求不合理，則要堅定、耐心地表達不能接受。

之前已經再三強調，碰上惡質的奧客時，絕不能為了暫且息事寧人，而「破例」答應對方的要求。破例處理看似能快速解決麻煩，但要是讓這種奧客嚐到甜頭，他們就會食髓知味，一再提出更過分的要求。

透過以下的流程，堅守「不接受無理要求」的原則，沉著、耐心地應對處理，**讓對方明白「不管說什麼都沒用」，進而主動放棄**，才能從根本上解決問題——

- 理解「客訴的對象是組織」
- 掌握「時間限制」原則
- 如果感覺到對方的怒氣值正在升高，就再三對這樣的情緒表示「同理、共感」。

「不給人拒絕餘地」的難纏客戶

想用蠻橫、高壓的態度遂行己願，不給人拒絕的餘地——會遇到這種對象的不只是服務業，即使在其他業界，也有很多人為這樣的往來客戶大傷腦筋。

因為這是組織間的共事，而非個人私交，有些人為了不破壞雙方的關係，被刁難也只好忍氣吞聲。然而，這種客戶就跟奧客一樣，只要答應過他們的要求一次，不只會使自己深陷險境，還可能給整個公司帶來麻煩。

因此，**貫徹「做不到就是做不到」的態度，是很重要的關鍵**。

話雖如此，但拒絕客戶的要求需要很大的勇氣，一想到對方要是向公司投訴，可能會被主管責罵，或是在公司內部造成問題，就讓人害怕得不敢拒絕……這種心情也是可以想見。

遇到這種麻煩客戶，只要牢記三項應對要點，就能順利擋掉對方的蠻橫要求，無需勉強接受，即使拒絕也不至於引發紛爭。

我們就依序來看看吧！

1 不要試圖一個人解決

就算這個客戶是由你全權負責，也不代表所有局面或狀況，都必須由你一個人獨自解決。

例如，對方剛開始只是要求「免費提供各種商品的樣品」等在你權限內就能決定的事，之後卻越來越過分，開始逼你給出不合理的超低折扣，甚至發展成違法行為。只要感覺到這個客戶不太對勁，一定要在發生問題之前，就向主管或團隊提報這些資訊。

特別是對方提出過分的要求時，更要鉅細靡遺地報告相關經過。一旦在公司毫不知情的狀況下突然爆出大麻煩，公司有時也難以即刻應對。

此外，如果覺得以自己的權限應該能夠決定，而破例答應對方的要求，要是事態擴大，對方也可能供稱「你以前一直都這麼做」，讓你的處境變得極為不利。總之要記得，**與客戶往來發生狀況時，一定要透過公司組織的流程來處理，不要私下解決。**

2 不要急著回覆

只要時時記得「以公司組織的立場來應對」麻煩客戶，應該自然而然就會這麼做。

你不必當場回應對方的要求，即使對方咄咄逼人、不容拒絕，也只要用平靜、被動的態度傾聽就好。

「這件事我個人無法判斷，需要帶回公司討論。」

「我要先確認預算及工作人員的時程，之後再回覆您。」

事先準備好幾個表達拒絕的句子，看狀況隨時應用。

對方會想方設法要你給出承諾，但要是急著回應，一不小心就會上當中計。不要被對方牽著鼻子走，聰明地誘導對方更換時間或地點吧！

3 獨自因應以十分鐘為限

最後一項要點是——獨自處理棘手的狀況時，以十分鐘為限。

如果對方威脅著「要你答應要求才肯走」，等到十分鐘左右就說：「這不是我一個人能決定的，我去請上面的人來處理。」換成主管過來談。

再不然就向對方表示：「這件事我無法單獨判斷，必須和主管協商。」

適時結束現場的爭執，轉為日後再行談判。

拉開時間距離，是讓對方冷靜下來的最佳方法。

如果是從部屬那裡接棒過來，而且已經交涉了三十分鐘以上，再談下去也無濟於事，這時就要告訴對方：

「我們部門無法處理這件事，公司會進行內部討論，再決定怎麼做。」

讓對方明白他的要求已經超越了當場能夠解決的層級。

再強調一次，你只是客戶與公司之間的斡旋者，即使現場只有你和對方的負責人，你們雙方也只是做為各自公司的代表相互商談，並不是個人的往來。清楚區分哪些是自己應盡的職責、何時又需要借助公司的力量，才能與客戶保持適切、良好的關係。

「把球回丟給對方」的交涉技巧

如果先前的應對讓對方知難而退，自然再好不過，但要是客戶不肯退讓，可能就會發展成相持不下的爭論。這裡要介紹一項技巧，讓你可以順利度過這個難關，那就是——**「以對方為主體進行交涉」**。

比方說，對方若要求「報價再低一點」時，就反問對方：

「您希望具體上要低幾%呢？」

對方本來想讓你揣測他的心思，逼你「主動降價」，然後再藉機刁難，最終得到他想要的最大回饋。為了不掉進這個陷阱，**一開始就讓對方來決定上限**。

有人可能會擔心，對方要是丟出一個難以實

現的要求怎麼辦……然而，對方也是組織的一分子，不是個人身份的顧客，假使提出太不恰當的要求，一旦東窗事發，對方也會被究責，所以反而不敢過度踰矩。

如果還是會擔心，可以先加上這一句——

「雖然無法保證一定能給您這個價格……」

「（對方提出好幾個要求時）雖然不知道能否答應您所有的要求……」

在此前提下，就可以確認對方的要求，也能設定明確的防線。

相反地，如果對方一直不提出具體要求，只是顧左右而言他，可以這樣告訴對方：

「如果不知道您具體的期望，之後回公司討論也很難取得進展……」

「進行討論時可能需要參考，所以……」

這樣會更容易問出對方的要求。

問出對方真正的想法後，要再一次提醒：

「謝謝您提供的意見，雖然無法保證能通過，但我一定會回報，請公司認真討論。」

就像這樣，即使沒有正面回答YES／NO，對方也會覺得「自己的要求暫時被接受了」，而能化解當下的困境。這就是「以對方為主體進行交涉」的意思。

此外，如果你是主動提出交涉的一方，這個方法也同樣有效。假設你想跟對方交涉，將交貨時間延後一週左右，可以藉此先問出對方的期望。

「我們希望做到最好，但這需要更精細的檢測和確認，因此可能會遲一點交貨，不知道您最多可以接受晚幾天呢？」

如果是真正緊急的案子，對方一開始就會要求嚴格遵守期限；但大多數的狀況，在處理時間上都還有點餘裕。然而，要是直接就提出自己的要求，還超出了對方容許的範圍，對方可能會覺得你「說話沒有分寸」。過分的要求會有損你在客戶心中的印象，即使最後交涉成功，他們對你的信任也會跌至谷底。

對方所能接受的程度，和你的期望不見得一致，這時就需要再次考量、檢討，還有沒有自己可以努力的部分。

比方說，對方回答「三天左右應該沒問題」，你就得做出讓步：

「方便的話，我們是希望延期一週，但目前看起來有點困難，那可以至少給我們五天嗎？」

你先表示讓步，應該也會讓對方產生「那我們就通融一下吧」的心情。無論對方是不是麻煩人物，**互相體諒、妥協才是交涉的關鍵**。先認真傾聽對方的要求，再沉穩、謹慎地做出應對吧！

這樣拒絕，才能表現誠意、取得信賴

運用前述的應對方式，雖然可以避開對方的攻擊，有時候還是必須明確地表示拒絕；告訴對方「會帶回公司討論」，即使當下能暫且脫身，基本上也是要由身為負責人的你，向對方報告最終討論的結果。

就算運氣好些，在拒絕對方時有主管陪同，但只要交易還在進行，或是負責人沒有變更，你仍然得和客戶碰面，所以要盡可能避免讓雙方的關係變得緊張。

希望大家記得，在報告討論結果的同時，也要具體地告知對對方有利的資訊。即使無法答應對方的要求，只要當中存在著多少能夠「認同」的部分，就要給予反饋——

「您的意見及要求，對本公司來說是很寶貴的建議，今後我們會依此改善公司的營運流程。」

「根據管理會議的報告及討論，我們深切地認識到這是全公司的問題，預計會提出具體的改善方案。」

此外，還可以更具體地表明：

「我們會盡力在預算範圍內，提交更高品質的商品。」

「今後，我們會考慮引進可出借的展示機做為樣品。」

此次雖然不得不拒絕，但對方所提出的意見，讓你個人和公司都獲得更長遠的助益——這種反饋能大大滿足對方的認同需求。

當對方感覺到自己的建言「沒有白費、並且得到認同」，即便這次的要求沒有被通過，也能接受最後的結果。

為了不讓彼此產生隔閡或芥蒂，必須做好事後的周全回應，努力得到對方的諒解。只要對方感受到你的誠意，就不至於對關係造成傷害，更會提高客戶對你和公司的信賴。

碰上這種客戶怎麼辦？
——不同情境應對法

❶ 暴怒蠻橫，根本無法溝通

對方暴跳如雷，說話語無倫次，但根本就不是你的錯……

必須面對這種麻煩顧客，實在是倒楣至極。而此時的應對方法，基本上跟處理客訴一樣——**「不答應無理要求」、「不要認為是針對自己」和「一對一處理以十分鐘為限」**。

然而有時候，這麼做還是無法化解當下的危機。即便努力同理對方或者換人應對，對方的怒氣不僅沒有消退，反而越演越烈，甚至開始索要金錢，要求損害賠償或精神撫慰金。

當對方開始索要賠償，不免讓人恐慌緊張，但有一句話能鎮住這種場面——

「我們需要先諮詢法律顧問。」

有人可能會想：「啊？可是我們沒有法律顧問……」

不用擔心，在這裡提出「法律顧問」的目的，是為了結束對話，實際上有沒有都無妨。

除了法律顧問，提出要找警察解決也很有效。

「我們需要先諮詢法律顧問才能回答，能否告知您的聯絡方式呢？」

接下來，再要求對方提供個人資訊，更能對他們施加壓力。

有的奧客口口聲聲要求「損害賠償」或「精神撫慰金」，卻根本不知道這是什麼意思，就算真的因此被告上法庭，處於不利地位的也是對方。

你只要堂堂正正地應對，對方自知理虧，就會知難而退。有人擔心這樣會把事情鬧大，但對這種人不需要客氣，反而態度越強硬越好。

2 擺出輕蔑、挑剔的傲慢姿態

這種人因為平時的認同需求沒有被滿足，就對店員擺出輕蔑或貶低的態度，一點小事就挑毛病，再用發脾氣的方式讓對方屈服，藉此消解「自己的存在與能力沒有機會被認同」的欲求不滿。

他們認為「只要在店裡花錢了，店員就得把自己當成客人伺候」、「自己對店家來說是必要的存在」。對他們而言，店家是用來滿足認同需求、消解劣等感的重要場所。就某種意義上來說，這樣的人很可悲，但做為應對的一方就很辛苦了。

最糟糕的狀況是，你自己也跟著生氣。一旦正面衝突，對方會因為劣等感受到刺激，更加怒不可遏，而他們越是暴怒，對你來說事態也更棘手。所以，**就把他們當成是「認同需求沒被滿足，欲求不滿的可悲者」，無視他們的發言吧！**

或許你會認為「就算是客人，也不代表可以口無遮攔」，但只要對方明白他的挑釁對你無效，就會覺得自討沒趣，進而轉移目標。

這種人有著嚴重的劣等感，別人不經意的話語或態度，都會讓他們覺得自己「被否定」，不小心刺激到他們，只會白白消耗時間和心力。這時可以參考088頁的建議，在心裡想著「接待完這個客人，就去喝杯咖啡吧」等等，把注意力放在痛苦結束後的時間，對對方的態度淡然處之。

3 說話反覆無常、一變再變

做業務的人，經常會碰上被客戶耍得團團轉的情況。例如，之前說要看某份資料，整理好帶來了卻看都不看，這次又提出完全相反的要求……遇到這種客戶，真的會讓人受不了。

對付這種人，基本上只要採用157頁「把自己的過錯轉嫁到別人身上」這一段建議的方法就好。

只要對方還是你的客戶，陷入「說過／沒說過」的爭論，你的處境就會變得不利。因此，一定要用 email 留下證據。

光是留下自己這一方的記錄，還是很難讓其他人站在你這邊，因此在會面之後，可以假借向對方道謝的名義，用 email 再次確認委託內容，或是報告處理的進度。

如果對方這時回覆自己「沒有這麼說」，再確認一次之後，就可以停止行動；若是對方沒有特別說什麼，就能安心進行下去了。即使是透過電話溝通，也可以用 email 再次確認，以保證彼此的認知一致。

若是採取了各種對策，客戶還是反覆無常，這時就可以稍微反擊一下。

「之前您是這麼說，所以現在確定要改變方針了，對嗎？」

像這樣明白地跟對方確認，讓對方知道「你不會忍氣吞聲」。

另一個重點，就是不要獨自處理。事前跟主管或團隊共享情報與狀況，**不要和對方負責人一對一聯繫。每次回 email 都要CC給雙方的主管，將資訊共享給更多人**，就能預防重大問題。

要是每次都不了了之，就會一直重蹈覆轍，這不只對你個人有害，也會造成公司整體的損失。拿出勇氣，採取具體的行動吧！

4 提出許多與工作無關的批評

偶爾一兩次也就算了，每次都被批評跟工作無關的事，實在會讓人不由得發火。

要是再怎麼針對客戶指摘的部分做出改善，對方仍舊一直挑毛病，那就表示這個客戶可能不是對你的工作表現不滿，而是對你個人、對服務，或是對公司本身感到不滿。即便他的指摘有一定的道理，我們也不可能滿足他所有的期望。

對付這種人，我有兩個建議的方法——

- **向對方道謝，表面上敷衍過去就好**

就算完全不是真心也無妨，只是應付一下。

- **單刀直入地詢問對方**

當對方又對自己發洩不滿的情緒，便詢問：

「您是不是對我（或我們公司）不滿？」

如果對方吃驚地反問，就跟他這麼說：

「雖然很感謝您的指正，但您有很多批評，都跟本公司的核心業務及服務內容無關，所以我才覺得您可能從根本上就對我們不滿……」

這種類型的人跟122頁所提「說話消極負面的人」一樣，都察覺不到自己的言行會破壞周遭的氣氛。**如果不明確傳達自己的想法，就必須一直忍受對方的批評，所以還是直接向對方表態吧！**

「很感謝您的批評指教，只是這些跟我們的業務內容都沒有直接關連，恕難回應。」

雖然聽起來很不客氣，但如果不說清楚，這種人是不會懂的，光是惱怒擺臉色，他們根本就不會發現。

5 總是糾結於無關緊要的小事

如果是跟工作相關的要求還能理解，麻煩的是在無關緊要的事情上猛鑽牛角尖。就算每件要求都沒什麼大不了，一旦累積下來，也要耗費相當的時間與心力因應。

面對這種狀況，目標當然是「拒絕對方的要求」，但**要留意態度不能太過制式。不要斬釘截鐵地說「這不符合公司規定」**，**而是先表達對對方的理解**。148頁介紹過的「不會惹惱對方的萬能拒絕法」就是很好的範本，可以應用在任何情境，請牢記這三個步驟，機智地處理吧！

- **表達感謝**
- **解釋拒絕的理由並致歉**
- **暗示「期待下次」**

雖然「必須按照公司規定」的理由很正當，但聽的人即使理智上知道對方說的沒錯，還是會覺得自己被隨便敷衍了。

舉例來說，明明透過線上會議或電話就能解決的事，客戶一定要當面討論，他們應該會有自己的理由，所以要先傾聽：

「您說得沒錯，很感謝您想跟我們親自會面，這確實很重要。」

表達完自己的共感、理解後，再告知對方：

「但是真的很抱歉，目前的狀況實在不太適合……等到情勢穩定下來，一定會麻煩您。」

這麼一來，即使是拒絕，聽起來也足夠委婉。

正如同馬斯洛的「需求層次理論」所說，每個人優先重視的需求都不一樣。就像有的人會因為跟主管打招呼，但對方沒有回應，而在精神上受到打擊，對你來說或許無傷大雅的事，對他人而言卻是阻礙人際關係的要因。好好記住這一點，在尊重對方的前提下，用心維護良好的關係吧！

Chapter 6

做好自我照護，不讓壓力過度累積

有不少為職場人際關係所苦的人，
會覺得求助是在「給旁人添麻煩」，
因而接下超載的工作量，獨自煩惱不已，
加上對自己要求甚高，很容易就陷入「自我否定」的負面循環。

在開始工作前，不妨帶著輕鬆的心情告訴自己：
「不順利的話，就找別人幫忙吧。」
這不是要你凡事都依賴別人，
但你周遭有很多人，應該也是抱著這樣的想法在工作，
沒道理只有你必須活得像個完美的聖人。

確實掌握自己的承受能力，適時修復身心狀態，
從日常的小事中累積，練習「發出求救訊號」並提升自信。
能夠彈性包容與應對，如柳樹般柔韌的心靈，才有高度的抗壓性。

降低為自己設定的門檻，達到六十分就合格！

新冠疫情過後，居家辦公與遠距工作已成為日常，不必面對職場上的各種麻煩人物，讓許多人也減少了人際關係的煩惱。

然而，以往在工作上遇到問題時，原本可以輕易向旁人求助——「幫幫我好嗎？」或是「這邊要怎麼做？」，現在卻也變得沒有機會，只能獨自扛下所有問題。

至今已討論過各種麻煩人物的應對方法，但也有不少為職場人際關係所苦的人，覺得互相幫助或彼此合作是在「給旁人添麻煩」，於是難以開口求助。他們往往會多所顧慮，因而接下超過負荷的工作量，獨自煩惱不已……

這些工作者沒有「互相」的意識，一開始就

排除了向他人求助的選項，因此很容易受困於職場的人際關係。

「討厭給別人添麻煩」，從好的一面說是有很強的責任感；但要是超過忍耐的限度，很可能會在某一天突然爆發，給公司造成重大困擾。只因為不想給人添麻煩，反而讓自己及周遭的人陷入困境，這樣就太可惜了。

想避免這種狀況，就要確實地掌握自己的承受能力。做到這一點之後，再試著學習向他人求助，就能預防最糟糕的事態發生。

對於一直認為「依靠別人＝給別人添麻煩」的你來說，突然要向他人求助，或許是困難的挑戰。然而，**職場本來就是群體生活，互相幫助、團隊合作是最基本的條件。為了在危急時刻能積極求助，平常就要練習向旁人發出小小的求救訊號**。

看起來再完美的人，背地裡或許對某些事也不甚拿手。沒有人凡事都能做到一百分，況且就日常業務來說，也不會有人要求必須做到一百分。

在你心裡只有六十分的事，在別人看來可能完全合格。所以，只要達到六十分，就給自己「合格」的評價，放鬆對自己的要求吧！

特別是能夠居家辦公和遠距工作的現在，就是練習的最好機會。

如果是平時的職場，會因為在意對方的態度或反應而不敢提出要求，但若換成 email 或通訊軟體，或許就比較容易開口。

降低你為自己設定的門檻，學會借助周遭的力量，和職場上的人們更輕鬆、自在地互動吧！

從「小問題」開始，練習發出求救訊號

如果你之前一直都是努力地自己解決問題，現在突然要你「依靠周遭的人們」，你一定會覺得：「我做不到啊！」其實，就算不是深刻的煩惱，也一樣可以向別人求助。

那麼，我們就循著以下的步驟，慢慢練習發出求救訊號吧！

首先最重要的是——**累積「發出求救訊號，並且獲得幫助」的小小成功體驗**。

而第一步要做的，就是找到能接收自己求救訊號的潛在對象。

想找到你有十足把握，絕對會願意傾聽你訴說煩惱的人，或許有點困難，但可以先試著向合得來的同事、後輩，感情好的家人或朋友等比較

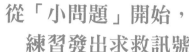

容易開口的對象，發出小小的求救訊號。

至於求救的內容，則選擇不會造成對方負擔、順手就能解決的小事，例如「怎麼把Word檔轉成PDF檔」。諸如此類的小小求救行動，不會造成對方的壓力，大多數的人反而會因為能幫上忙而開心。

這個起手式的重要作用，就是**藉由依靠別人並獲得指導，而感受到自己「可以依靠別人」、「可以向別人提問」**。

如果平常就掌握了周遭人們各自擅長的能力，知道他們「對這個領域很熟悉」，就更容易找到適合的人來解決自己的問題。

只憑著一時興起，即便求助的是小事，對方也可能幫不上忙，原以為能馬上解決，結果比想像中花了對方更多時間，給對方添了麻煩……這種狀況反而會降低自我肯定感，因此一定要慎選求助的對象。

本來就體貼入微的你，更擅長接收他人的情緒，相信一定有能力觀察、物色到理想的人選。

說不定，已經有人開始這麼做了，只要成功過一次，接下來就是繼續累積成功的經驗。逐步學習向不同的人發出求救訊號，自然就能構築起互助合作的關係。

每天簡單做兩件事，隨時自我修復

對每個人來說，自我照護都很必要。即便是沒有人際煩惱的人，也需要自我照護；如果還得每天面對麻煩人物，自我修復更是不可或缺。

聽到「自我照護」，一般人會想到的都是泡溫泉、按摩、享用美食或旅行……等等。確實，做自己喜歡的事也是一種照護，但如果經常這麼做，門檻似乎也太高，畢竟每天都會發生各種狀況，最好還是選擇更方便、能定期實行的方法。

所以，這裡要推薦兩個每天都能簡單實行的「自我照護法」。

1 稱讚自己

正在閱讀這本書的大家，應該有很多人都不

習慣「稱讚自己」吧，或許還有人會想著：「到底要稱讚自己什麼？」

但是，我所說的**「稱讚自己」，並不是指誇獎自己的優點、長處或厲害的地方，而是把焦點放在日常生活中的努力，以及克服讓自己痛苦的事**，像是早上可以成功起床。

「明明早上還想賴床，但還是努力起床了！」依我的標準來看，這已經是值得稱讚的事。

有人可能會覺得，早上起床不是理所當然嗎？其實真的好難。揉著沉重的眼皮，撐起身體離開床上，然後到公司上班，要是職場裡還有麻煩人物，那就更辛苦了。所以，請好好稱讚努力的自己。

雖然希望大家像這樣養成隨時稱讚自己的習慣，但建議可以**先挑選一個固定的時間，像是睡前——回想一天的過程，然後稱讚自己**。這麼做就能滿足自己的認同需求，進而得到療癒。

❷ 表達感謝

大家或許會疑惑，表達感謝的心情為什麼也是一種自我照護，理由很簡單——向別人表達感謝，自己也會感受到那份溫暖。

表達感謝，就是認知到自己正接受著他人的恩惠，也是重新回顧自己有多麼被愛、被關心的機會。感謝的對象可以是家人、朋友，甚至超商店員，請試著跟平常不會當面說「謝謝」的人，好好地表達感謝。剛開始，一定會因為害羞、尷尬而說不出口，但只要養成習慣，對自己將大有助益。

有人對自己伸出援手或提供幫助時，不要說「不好意思」，而是試著說「謝謝」。對方會因為「能幫上忙」、「受到感謝」而開心；你自己也能從原本覺得「給對方添麻煩」的心情，轉變成「得到幫助好高興」或「真是得救了」的正面感受。

很多人會因為一聲簡單的「謝謝」得到救贖，而讓對方喜悅的同時，自己也會感受溫暖並獲得療癒。這不是很棒的事嗎？

小小的成功體驗，更容易累積自我肯定感

自我肯定感低落、缺乏自信的人，大多認為沒有實績就無法獲得自信，例如「沒有學歷」、「沒有在知名企業工作過」、「工作沒有意義，也不是自己想做的事」。他們深信過去的失敗及現今的狀況不會改變，自己只能困在原地。

所謂的自信，與「自我認知」有很深刻的連結。提升自我認知是獲得自信最快的捷徑，而這一點可以透過「累積成功體驗」來達成。

這裡所說的成功體驗，不見得要是驚人的成就，想獲得自信，真正重要的是「數量」。

比起一次巨大的成功體驗，十次小小的成功體驗更能讓人覺得自己「其實很不錯」，因而建立自信。

舉例來說，像是「主動跟麻煩主管打招呼」就很足夠了。只要是嘗試後順利完成的事，都可以當作成功體驗，建議大家平常就有意識地創造更多小小的成功體驗，不要輕易錯過。

另外，很多人會認為，只有類似「跟麻煩主管打招呼」這種滿足自我實現需求的結果，才算是成功體驗，但如果從第3章介紹的馬斯洛「需求層次理論」來思考，就會找到更多方式來累積成功體驗。

比方說，你平常都是半夜兩點就寢，如果早上九點要到公司，就會睡眠不足，所以應該更早睡才對。但即使理智上明白，很多人還是睡不著，這時就可以思考該怎麼滿足這項「生理需求」，並且實際付諸行動。

「想要滿足睡眠需求，至少得睡足六小時，所以晚上十二點之前就要躺在床上。為此，要減少一小時加班，在晚上九點前回到家。」試著訂下這樣的計畫，如果順利達成任務了，就好好稱讚自己一下。

還有，「三餐能按時吃飯」也是了不起的成功體驗。偶爾沒能按時吃飯的人，就要好好思考原因是什麼——是太忙忘了吃午餐？還是身體不舒服吃不下？或者就是沒有食欲……？知道理由之後，就能訂定相應的計畫，實際加以改善。

如果是忙到離不開座位，可以提早十分鐘離開家門，先買好中午要吃的便當。當真挪不出時間，也可以趁這個機會練習「發出求救訊號」，拜託後輩幫自己買午餐，這些也都能成為稱讚自己的事件。

堅持一陣子之後，再透過「3．3．3週期」來回顧先前對自己的稱讚。所謂的「3．3．3週期」，指的是間隔3天、3週和3個月。除了每天稱讚自己之外，**若能定期回顧、認可堅持良好習慣的自己，就會更有自信。**

雖然都是小事，但堅持自己的決定、滿足自我需求的感受，都能確實地幫助你累積自信、提升自我肯定感。

失敗時，容許自己「擁有沮喪的時間」

你有過這樣的經驗嗎？——跟周遭的人訴說自己「之前把那件事搞砸了，我覺得好沮喪。」對方卻驚訝地回答：「耶？當時我也在場，但我覺得挺成功的啊！哪裡搞砸了？」

明明想要提升自信，卻稍微遭遇挫折就立刻備感沮喪，覺得「自己實在好失敗」……

如果你確實有過這種狀況，可能表示你下意識地以一百分為目標。因為凡事都想做到完美、拿到一百分，所以就算已經有九十分，也會覺得自己「失敗了」。

有這種想法的人，只要一遇上挫敗，就會非常恐懼自己失去價值；由於欠缺自信，總會把焦點放在自己犯的小錯或做不好的地方。

就像之前提過的，這時可以在開始工作前，帶著輕鬆的心情告訴自己：「不順利的話，就找別人幫忙吧。」

當然，這不是要你凡事都依賴別人，但你周遭有很多人，應該也是抱著這樣的想法在工作，沒道理只有你必須活得像個完美的聖人。

要是不小心失敗了，就告訴自己「偶爾也會發生這種事」，再思考下次可以怎麼改善，或是研擬具體的對策。

然而，再怎麼輕鬆地看待失敗經驗，難免還是會心情低落，這時不必逼著自己一定要正面思考。就算產生了「我好失敗」的負面情緒，也要肯定這樣的自己；當你受挫消沉而自我否定，也要容許自己「擁有沮喪的時間」。

對負面的自己感到失望，只會加深自我否定的心態。所以，試著接納自己、告訴自己吧：「自我否定很正常，有時候人就是會出現這種情緒。」

運用「後設認知」，翻轉慣性思維

如果你缺乏自信、容易沮喪，又經常會杞人憂天，請試著確認——這些不安或自我否定的感受，是不是都源自於你的慣性思維？

每個人都有慣性思維。擁有許多成功體驗的人，在面臨新挑戰時，通常會有「試試看吧」、「這次一定也沒問題」的自信；但缺乏成功體驗的人，什麼都還沒做，就會自動陷入「反正我就是不行」、「我果然是失敗者」的負面循環，將這些自我否定都當成了事實。

明明沒人指責，卻覺得「部長心情不好，說不定是我害的」；「客戶沒有回 email，一定是我的提案太糟糕」，想法於是漸漸變得負面……這些狀況也可能是因為你的慣性思維在作祟。

如果能覺察到這些慣性思維，同時學會放下，人生就會更輕鬆自在。為此，我們需要進行「後設認知」的練習。

如同第2章所說的，後設認知是從客觀的角度去俯瞰自己。就像靈魂出竅般，從第三者的視角觀察自己，這麼想像會比較容易理解。

舉例來說，被主管責罵時，越認真傾聽越容易變得沮喪。雖然犯錯了確實要真心反省、努力改進，但是單方面破口大罵，根本不能算是指導。這時就不要把對方的話當真，試著用「實況直播」的方式述說現場情形。

「井上被罵了……」

「〇〇課長又在爆氣了。」

「但〇〇課長根本是語無倫次、亂罵一通啊。」

就像這樣，**試著退後一步看待當下的一切，就不會直接受到打擊**。

犯錯時不能只顧著沮喪，而是要做出適當處置，同時擬定對策以免重蹈覆轍。如果受到當下的氣氛壓制而陷入恐慌，就無法冷靜地判斷，甚至連跟自己無關的失誤，都會覺得是自己的責任。

為了保有冷靜和理智，多多利用後設認知，練習從客觀的立場去看待眼前的事態吧！

後設認知不只適用於有對象的情境，也能用來梳理自己的內心。

就像前面提過的，因為一點小事就深陷沮喪時，不要說「啊——我真是失敗」，而是要從第三者的角度，對自己說明狀況：「井上現在真的很沮喪呢。」——這樣既可以幫助自己進行後設認知的練習，同時也能察覺到自己的慣性思維。

你想得出一百個「消除壓力的方法」嗎？

遺憾的是，沒有任何人能避開壓力，無論怎麼做，壓力都會降臨到我們身上。

很多人都以為，不會輸給壓力的強大內心，一定是如同剛硬的樹木般堅不可摧，其實真正抗壓的心靈，並非「永遠屹立不倒」。

硬撐著「忍耐到底」，一旦超過限度，就會直接折斷。重要的是擁有能柔軟包容一切、靈活應對事物，如柳樹般柔韌的心靈。自在地面對壓力，學會消除它們的技巧，才能打造出具備高度抗壓性的內心。

我每天傾聽患者的煩惱，深刻感覺到許多為職場人際關係所苦的人，都是因為「缺乏消除壓力的方法」。而我們精神科醫師經常會建議這樣的患者——**「事先儲存一百個消除壓力的方法」**。

剛開始要想一百個可能有點多，所以我會告訴他們「只有五十個也沒關係」。花多少時間都無妨，寫下五十個消除壓力的方法，製作一份專屬於你的「壓力消除表」吧！

比方說，如果你喜歡「餃子的王將」這間連鎖餐廳，就可以把這兩項列入「壓力消除表」：

- 去吃王將的餃子
- 去吃王將的炒飯

只是想著這些事，或許還不至於讓人興奮雀躍，但如果是列入「壓力消除表」中的方法，這種有點開心的程度反而剛剛好。下班回家的路上如果恰巧會經過這家店，就能輕鬆地買美食回去品嚐了。

平日因為只有晚上才有空，就多列出一些可以隨時享受的小樂趣，消除每天的壓力。例如：

- 去喜歡的酒吧或咖啡館
- 到健身房做三十分鐘瑜珈
- 買喜歡的作家的書……

這些事可能會細瑣到讓人覺得「這樣也可以？」，然而，**正因為這些活動是為了遭受打擊而失去元氣的時刻所準備的，在缺乏能量的狀態下還能做的小事，是最理想的方案**。

為了迅速採取行動，**最好盡可能具體地詳列出隨時能做的事**。例如不要只寫「去吃中華料理」，而是要寫「去吃王將的餃子」。

「去埃及旅行」這個計畫當然很好，但要實現並不太容易，而壓力總是不分時間、場合就突然降臨，所以還是盡量列出隨時都能輕鬆實行的事吧！

至於達成門檻較高、或是平日做不到的事，可以在這五十個方法之外，另行整理成一張週末或休假時專用的「壓力消除表」。

我希望大家能事先列出這樣的「壓力消除表」，其實有個重要的理由。當人疲憊不堪、充滿壓力時，根本想不起喜歡、開心或想做的事。所以，要在這之前就寫下自己喜歡、可以轉換心情的事，這麼一來，當實際感受到壓力時，只要按表操課就行了。

例如「今天有企劃會議，一想到要簡報就緊張得壓力山大」，這時可以在心裡想著：「等簡報結束後，就去王將買餃子回家吃吧！」光是如此，就能稍微緩解一點壓力。

當簡報順利結束，也如願在家裡吃了餃子，不管簡報的結果如何，都要好好地稱讚自己「成功做到之前決定的事」，這就是自我照護。

無論身邊有沒有麻煩人物，都一樣會遭遇壓力，如果每當這種時刻都能好好照護自己，我們的抗壓性就會逐漸增強。不要只是默默忍耐，練習從容地適應壓力，度過健康、爽朗的每一天吧！

結語

做出一點小改變，內心就會更有餘裕

非常感謝大家讀到最後，在這裡，我想分享一個讓我印象深刻，關於Ａ小姐的故事。

Ａ小姐在我擔任職醫的一家企業工作，是名三十幾歲的上班族，她一直為了與主管的人際關係而煩惱。

那名主管平常總是用命令的口氣和高壓的態度指導部屬，所以Ａ小姐總是「膽顫心驚、痛苦不堪」，再加上時機不太剛好，她沒辦法透過轉調部門和主管拉開物理上的距離，最後只能來找我諮商。

Ａ小姐也知道，要讓主管改變非常困難，但她很怕自己再這樣下去會身心崩潰。於是，我便和她一起思考可以堅持到什麼時候，得出的結果是「半年後的公司人事異動」。

只不過，在這之前的半年還是很難熬，我就請她實踐本書中提到的「盡可能不做反應」的方法。

剛開始，A小姐仍舊十分不安，但因為已經定好最終期限，她於是抱著「大不了就辭職」的念頭，心裡多少有了餘裕，便漸漸敢於嘗試。

每當快要撐不下去的時候，她就會堅定地告訴自己「我有好好完成被交付的工作」，同時積極地思考：「要是有什麼狀況，我也會收集好職權騷擾的證據。」盡可能不跟主管做多餘的接觸。

在這之前，她因為擔心被罵，總是小心翼翼地看對方臉色，說話時也因為想早點結束，語速很快、口氣又焦急。後來，她有意識地放慢說話速度，也努力在主管面前表現出從容不迫的模樣。

A小姐的主管看不透她在想什麼，於是開始忐忑不安，不但明顯減少了跟她接觸的時間，也不敢再大聲叱責，轉而變成簡單的提醒。

當A小姐正為彼此的關係改變感到滿意時，定好的半年期限到來了。由於A小姐最後沒有成功轉調部門，我原本以為她會直接離職，想不到她因為自己順利處理了主管的問題，而選擇繼續留在公司。

剛好這時公司引進居家辦公的工作模式，在彼此拉開物理上的距離後，她也更能與主管保持適切的關係。

職場的人際關係無法輕易改變，所以是極為麻煩的問題，但也不能閉著眼睛視若無睹、默默忍受，導致自己的身心傷痕累累。

希望大家體會到，即使身心就快要崩潰，只要像A小姐這樣，學會一些調整思維和行為模式的方法，就能讓自己的處境與感受有顯著的轉變。

只不過，傷害依舊會累積、殘留下來，所以**請一定要好好照護自己的內心。正因為是在艱難的環境中努力，更要好好稱讚自己，要是真的不擅長稱讚，那就先從善待自己開始吧！**

最後，我要向國分醫院的木下秀夫醫師，獻上深深的感謝。是他教導我，醫護人員若是在精神上缺乏餘裕，就無法幫助受苦的人；所以，不需要對所有人都用盡全力衝撞或對峙，偶爾也要避開攻擊、好好保護自己。

Soulmate 18

拐個彎、繞點路，避開職場麻煩人物

【主管．部屬．同事．客戶】完全因應！
築起心理防火牆、巧妙閃避冷處理，好好守護努力工作的自己！

作　者——井上智介
譯　者——楊詠婷

插　畫——MiLi Lin
責任編輯——郭玢玢
美術設計——耶麗米工作室
總編輯——郭玢玢

出　版——仲間出版／遠足文化事業股份有限公司
發　行——遠足文化事業股份有限公司（讀書共和國出版集團）
地　址——231 新北市新店區民權路 108-2 號 9 樓
郵撥帳號——19504465 遠足文化事業股份有限公司
電　話——（02）2218-1417
電子信箱——service@bookrep.com.tw
網　站——www.bookrep.com.tw

法律顧問——華洋法律事務所　蘇文生律師
印　製——通南彩印股份有限公司

定　價——350 元
初版一刷——2024 年 5 月

ISBN 978-626-98186-0-0（平裝）
ISBN 978-626-98186-2-4 （EPUB）
ISBN 978-626-98186-1-7 （PDF）

Original Japanese title：SHOKUBA NO MENDOKUSAIHITO KARA JIBUN WO MAMORU SHINRIGAKU

Original Japanese edition published by JMA Management Center Inc.
Traditional Chinese translation rights arranged with JMA Management Center Inc. through The English Agency (Japan) Ltd. and AMANN CO., LTD.

拐個彎、繞點路，避開職場麻煩人物：
【主管．部屬．同事．客戶】完全因應！
築起心理防火牆、巧妙閃避冷處理，
好好守護努力工作的自己！
井上智介著；楊詠婷譯
--初版-- 新北市：仲間出版，遠足文化發行 2024.5
232面；14.8 × 21公分（Soulmate；18）

ISBN　978-626-98186-0-0（平裝）
1.人際關係 2.職業壓力 3.工作心理學

177.3　　113005301